SHODENSHA
SHINSHO

残念すぎる朝鮮1300年史

宮脇淳子
倉山 満

祥伝社新書

【おことわり】本書は、二〇一四年にビジネス社より刊行された『真実の朝鮮史［663-1868］』『真実の朝鮮史［1868-2014］』を一冊に編集し、修正・加筆したものです。詳しくは、巻末の「本書について」をご参照ください。

まえがき

日本人の「嫌韓」「呆韓《ぼうかん》」というものが、いっこうに止《や》む気配がありません。あちらが次から次へと火種を提供してくれているからでもありますが、私たち日本人も頭に血がのぼって、ちょっと真正面から受けすぎではないでしょうか。職場の同僚や近所の住人との関係性と同様に、進歩のない人とのケンカほど時間のムダはないと思います。

売られたケンカを買うということは、まだ少しはどこかで相手に期待を残しているということでもあります。

「説得によって、こっちの正論を理解してくれるかもしれない」

そう思っているから、理解してくれない相手に心を痛め、腹も立ってきます。日本はこの関係をずっと続けてきたのです。ただし、今後もその甘い期待に相手が応《こた》えてくれることは決してないでしょう。島国に暮らしてきた日本人とは、もともとの性質が違うからです。思わぬことでいつまでも逆恨みし、親切に対して「バカにした」と怒る、やっかいな隣人なのです。

彼らの性質は、地理的な条件、長い歴史の中で培《つちか》われてきたものなので、すぐに変わるものではありません。こんな隣人への対処法はただ一つ、まともに相手をせず、「はい、はい」と聞き流すことです。

そして朝鮮半島の現状については、今回追加した序章にもあるように、核開発をやめない北朝鮮の影響下に韓国はすっかり入ってしまい、日本にとってよい方向に向かう見込みはまったくありません。

だからこそ、今後、日本人が朝鮮半島問題で決断を誤らないために、「実際には何があったのか」という真実の歴史を日本人の共通認識にしてもらいたいのです。そう思って、この対談を再出版することにしました。

対談者の倉山さんは、私によく「宮脇先生は、朝鮮史は本当に嫌いですね」と言います。朝鮮のことを話すときは暗い表情になる、というのです。私一人では、こんなに元気になれる、おもしろい本はできなかったと思うので、倉山さんの熱意と馬力に心より感謝申し上げます。

平成三十年二月

宮脇淳子

目次――残念すぎる朝鮮1300年史

5章　主体がない二つの国　255

カバー裏写真（倉山）提供：ＫＫベストセラーズ

序章　日本人は朝鮮を知らない

倉山　二〇一四年に出版された『真実の朝鮮史』が朴槿恵《パククネ》政権の途中で終わっていたので、その続きを話したいのですが、代わり映えのしない歴史ですからねえ。

宮脇　あいかわらず「また誰か出てきては、また引きずり下ろされて」のくり返しなので。

倉山　朴槿恵もまた、「当初は期待されていたのに、最後はそれまでの大統領と同じ運命に」ということですが、期待されていましたっけ？

宮脇　朴正熙《ぼくせいき》（パク・チョンヒ）の娘ってことで日本人が期待しちゃってましたけどね、しょせん反日なのに。

倉山　あの国に親日派なんてものは、もとからいません。いたとしても、それじゃ大統領にはなれないから、生き残るために反日をやるしかない。朴正熙ですらそうでしたが、その娘も「昼は親日、夜は反日」という「良識派」の象徴として登場したわけです。〝ブン・ザイトラ〟（文在寅《ムンジエイン》）など、ほかの候補者が「親北、反日」の中、朴槿恵だけが「親中、反日」だった。「良識派」とされる韓国保守派の最後の切り札でした。

宮脇　で、やっぱり引きずり下ろされた。

倉山　ついでに、全斗煥《ぜんとかん》（チョン・ドゥファン）以降続いていた日本公式訪問をやらずに退陣した韓国大統領という歴史をつくります。あの盧武鉉《ノムヒョン》すら訪問したというのに、「反日が足

2015年９月、訪中し、西側諸国の首脳としてただ一人、「抗日戦争と世界反ファシズム戦争勝利70周年」の記念軍事パレードに参加した朴槿恵（前列左から２人目）。その右はプーチン、右端に背中を向けて立っているのは習近平。中韓関係を発展させ、朴槿恵にとって絶頂期を迎えた瞬間だった（写真　共同通信社）

2017年４月、収賄など18の容疑で起訴され、拘置所からソウル中央地裁に入る朴槿恵（写真　共同通信社）

りない」と批判された朴槿恵は日本を訪問できませんでした。朴槿恵の失脚後、韓国には「良識派」もいなくなってしまいます。

宮脇　軍人の中にはまだ「良識派」がいるんじゃない？

倉山　いえ、それももう絶滅寸前です。いちおうアメリカとの軍事同盟が続いているので、形だけは。

有名な話ですが、かつて韓国の高速道路には中央分離帯がなかったんです、いつでも軍用機の滑走路に転用できるように。ところが十年前に行った時は、もうコンクリート製のしっかりした中央分離帯ができていましたね。

宮脇　そうやって、韓国はすっかり北朝鮮の影響下に入ってしまっている。

倉山　メディアだけでなく、今や政府や軍もその影響下にあります。北はお金を出さなくてもいいんですよ。マインドコントロールだけすればいい。「私たちは同じ民族なのに、どうして敵視するんですか」と。すると、「そろそろ防共なんて古い考え方はやめて、中央分離帯をつくりましょうよ」となります。政治に興味のない人は、日常生活レベルの安全か、経済効果しか考えない。

そして、新しく大統領になった文在寅の公約は「高麗《こうらい》連邦をつくる」です。これも一見すると軽い理想のように思われますが、裏には重要な問題が潜《ひそ》んでいます。

宮脇　「高麗」って、何を指して言ってるんだか。

倉山　「北主導の統一」という暗号でしょう。

宮脇　九一八年に建国した高麗の国号は、もとは、その二五〇年前に滅んだ高句麗《こうくり》の後裔《こうえい》ってことで自称したものでした。じゃあ高句麗はどういう国だったかと言えば、今の北朝鮮から、さらに北方にかけてあった国です。

倉山　はい。北朝鮮は、朝鮮史上、最も〝中華様〟に楯突《たてつ》いた国で、これと並ぶのが高句麗。もし文在寅が考える「高麗連邦」なんてものができたら、これが何を意味するかということです。即、中朝問題になります。

両国の境を流れる鴨緑江《おうりょくこう》のすぐ北には、二〇一六年に編制が変わりましたけど、それまで「瀋陽《しんよう》軍区」と呼ばれた強大な軍区があって、朝鮮半島に接しています。これが習近平《しゅうきんぺい》体制に向けてきなくさい動きを見せてきたという話が前提になります。

宮脇　習近平は軍の中央支配を進めていますけど、この西北部の軍区はあいかわらず鬼門なんです。それで習近平は内モンゴルなどで閲兵式《えつぺいしき》をしました。内モンゴルの軍区と瀋陽軍区をひとまとめにしたらしいんですけどね、その新しい軍区の閲兵式を秘密裏に行なって、報道用写真の配信だけしています。一定規模以上の閲兵式は海外の軍関係者に公開するのが国際的な約束事となっていますが、習近平は誰も呼ばずに、誰にも知らせずに、こっそりやった。

倉山　文在寅の「高麗連邦」宣言が、どれほどを習近平を緊張させたかがわかります。

宮脇　地政学という学問がすごいなと思うのは、古代でも、隋《ずい》や唐《とう》にとって致命傷となったのは高句麗でした。今の中国が北京《ペキン》に首都を置いてしまった以上、中国にとって北朝鮮のある場所がすごく重要なのは、そういう地政学上の理由ですよ。北朝鮮を押さえておけば、その南のことを気にしなくて済みます。古代から何も変わっていないんです。かといって、北京に首都を置かなければ、北のほうをコントロールできませんし。

ここで大切になるのが、朝鮮の歴史です。結局、朝鮮の支配層というのは、全員が北から来ています。高句麗という国の最盛期には、今の韓国北部と北朝鮮から、かつての満洲《まんしゅう》の南部にわたって支配しましたが、もとはさらに北で生まれた国が南下してきたんです。百済《くだら》も、李氏《りし》朝鮮も、支配層は元をたどればみんなそうですよ。

一方で被支配層は土着の人たちだから、そもそも支配層である両班《りょうはん》（ヤンバン）階級とは同じ民族というわけではないんですよ。朝鮮半島の北と南も民族が違う。「ひとつの朝鮮人」

「ひとつのコリアン」なんていうのは幻想だし、ですから、「国全体で力を合わせてやっていこう」なんて考えは、さらさらありません。

倉山　合邦《がっぽう》といっても、対等じゃなくて、支配するかされるかなんですね。

宮崎　ところが、今の韓国では、八割の人が「自分の家は両班出身だ」と言っているというじゃないですか。八割が支配層なんてことは物理的にありえませんが、日本が併合した時に身分制度を廃止してしまったものだから、戦後にデタラメがまかり通ってしまったんです。多くの庶民階級が勝手に「族譜《ぞくふ》」という家系図を捏造《ねつぞう》しました。

倉山　国家の歴史を捏造するのが日常茶飯事《さはんじ》ですから、家の歴史くらい大目に見てあげてくださいい（笑）。

冗談はさておき、もし文在寅がマトモな人だったら、あれこれ言いつつも国家の建て前を守るでしょう。本当に北から武力侵略を受けた時には応戦するしかない。併合されてしまったら、自分たちの存在意義もなくなってしまいます。

宮脇　「危ないぞ、危ないぞ」と脅《おど》して、外国からお金をもらって、技術供与を受けて、外国軍に守ってもらえるうちが花ですね。

倉山　韓国としては、ぎりぎり主権国家の線を維持できる状態が一番いい。

宮脇　主権国家？

倉山　いや、たしかに産経《さんけい》新聞の加藤《かとう》さん（加藤達也《たつや》元ソウル支局長）が逮捕された件なんて、完全に法の支配を捨てているわけですが。

宮脇　言論の自由、表現の自由を圧殺したということです。

倉山　それを言えば、朝鮮の歴史上、もともと法治《ほうち》があったのかと。

宮脇　そこは中国と一緒。たとえば、レストランに行って、内部に知り合いが一人いたら、「こっちの席へどうぞ」と言われてサービスも変わる。そんな価値観のもとで、本人はもちろん、家族や親族全員が身ぎれいにいることなんてできっこないんです。だから、「引きずり下ろすぞ」と決めて、叩《たた》けば、なんらかの埃《ほこり》が出てきます。

シナの法律は、もともと法の正義を貫《つらぬ》くとかじゃなくて、見せしめを行なうためのものですから。権力闘争に用いたり、指導者が気に入らないやつを陥《おとしい》れたりするんです。

倉山　最近の韓国では、それが権力者の権力を剥奪《はくだつ》するための道具になっているけど、いずれにせよ、法治国家ではない。

宮脇　法ではなく、秩序の概念なんです。権力者というのは、天が「上に立て」と決めたものだから、「どんな人も平等に」という考えはない。すると指導者、一番上の権力者というのは、秩序を超越した存在となります。今の韓国では、大統領という国家の最高権力者を国民が引きずり下ろしたということで、「真の権力は国民の手にある」「これが主権在民のあるべき姿だ」と言って、はしゃいでいるんです。

倉山　残念ながら、韓国の最高権力者なんてものに世界は興味がありません。今の世界の最高権力者はトランプです。習近平は、「トランプが世界の秩序を決める存在であって、今は従うしかない」ということを十分にわかっています。

宮脇　中国人だから、わかるんですよ。でも、「そのうち自分が」と心の中で考えている。

倉山　ただ、「私はトランプさんに次いで世界で二番手です」と認めるのは恥ずかしいものだから、対等のようなフリをしています。

宮脇　そうやって権力闘争をしているのが世界の現実なのに、日本人は、「仲が良いことがいいことだ」と考えるんです。

倉山　「日本文化が好きだから、日本のことも好きだろう」と短絡《たんらく》的に考えちゃうんですね。金正日《きんしょうにち》（キム・ジョンイル）は「寅《とら》さん」とか日本の映画や日本の食べ物が大好きでしたが、もちろん親日ではありません。ネトウヨだって中華料理くらい食べるでしょう？

宮脇　国際社会で「いい人だ」っていうのは、バカにされてることでもあるんです。

倉山　それだから、韓国に過去の合意を簡単にひっくり返される。文在寅は、「二〇一五年末の合意では慰安婦問題を解決できない」と言い出しました。北朝鮮には、「核で日本列島を沈めてやろうか」とまで言われて、アメリカの顔色をうかがうことしかできません。彼らは自分のほうが日本より上だと考えています。ナメられているんですよ。

韓国はこの地域で一番残念な国ですが、下から二番目に残念なのは日本。国家の政治力という点においては、北朝鮮のほうがこの二国より上です。韓国が国家だったのは全斗煥まで。日本人が「朝鮮の歴史」と聞くと、韓国中心の歴史を頭に浮かべるかもしれませんが、北朝鮮を主人公にしたほうがまだしっくりくるくらいです。

宮脇　今の韓国は、明日の日本なんですよ。

倉山　はい。韓国をバカにする前に、日本の心配をしなくては。安倍《あべ》さんのあと、誰がこの国のリーダーをやるんですか。このまま行けば韓国と一緒です。

宮脇　今の日本では、朝鮮半島の歴史を考える時には、そういう読み方が必要でしょうね。

1章　大陸のおまけだった新羅《しらぎ》・高麗《こうらい》（六六〇～一三七〇年）

「古代は日本より朝鮮が上」というウソ

倉山　日本史の立場からすると、朝鮮の存在が最初に出てくるのは伝説の「三韓征伐《さんかんせいばつ》」です。神功皇后《じんぐうこうごう》が新羅《しらぎ》出兵を行ない、朝鮮半島の広い地域を服属下においたと『古事記《こじき》』『日本書紀《にほんしょき》』に書かれています。古代大和《やまと》朝廷は、ずっと押し合いへし合いを朝鮮半島とやっているんですね。その決着戦が六六三年の「白村江《はくすきのえ》の戦い」です。

このとき日本は、六六〇年に滅亡した百済《くだら》を復活させるために戦い、唐《とう》・新羅連合軍に負けたという話になっています。確かに戦術的には負けました。しかし、関東地方の兵士を防人《さきもり》として九州北部に持って行っているので、宮脇先生のご主人でもある岡田英弘《おかだひでひろ》先生が言うところの「国民国家」を日本が形成することになります。つまり、地元を地元民が守るのではなくて、日本を日本人が守るというかたちの原型になっているのです。

それは、白村江の戦いの直後から始まります。実は大和朝廷は、関東以上に朝鮮半島を警戒しています。「蝦夷征伐《えみし》」より先に朝鮮半島を意識している。地政学的にも、もちろんのことですが。

663年当時の東アジア

教科書には、「白村江で、倭・百済連合軍が唐・新羅連合軍に敗れた」と書かれ、新羅の軍事力を強調しているが、実際は唐軍と倭軍の対決だった

宮脇　日本国の建国の理由自体が、海の向こうとは縁を切るということですから。岡田英弘はこういうふうに言っています。シナを統一した唐が、高句麗《こうくり》を滅ぼすために挟《はさ》み撃《う》ちしようと高句麗の後ろの新羅と同盟し、六六〇年、海上から朝鮮半島南部に上陸しました。そして、まず目障《めざわ》りな百済を滅ぼしてしまいます。百済王は倭王《わおう》の同盟相手だったので、助けを求められた倭のタカラ女王（斉明天皇《さいめいてんのう》）が倭軍を朝鮮半島に派遣しましたが、この倭の艦隊は、白村江の海戦で、唐の艦隊に敗《やぶ》れて全滅してしまうのです。

倭人にとって、それまで朝鮮半島とシナ大陸だけが世界でした。その唐軍が今にも日本列島に上陸して倭人を征服し、シナの属領にする危険が迫りました。そこで、日本列島に住む倭人たちと、それまでシナ大陸から来ていた秦人《はたひと》や漢人《あやひと》や、百済や高句麗の亡命者が団結し、これまでの倭国大王の家柄に「天皇」という王号を採用して、新たな国家の元首に仕立て上げたのです。「天皇」と「皇帝」は同じ意味ですから、「日本天皇」は「シナ皇帝」と対等だと主張したことになります。大陸からの独立を宣言したのです。

倉山　そうなんですよね。日本の古代史で最も重要な事件が白村江です。

ところで、日本の古代史を巡《めぐ》る大ウソとして、日本の教科書は、「唐・新羅のほうが日本よりも文化的にもあらゆる面で上だ」という書き方をしています。確かに、遣隋使《けんずいし》、遣唐使を送って、大陸の文物を輸入しようとした事実はあります。

そこで、新羅に注目してみると、日本史の教科書では、「新羅は唐と組んで日本を潰《つぶ》し、さらに高句麗を潰し、そしてその唐からも独立した」と書かれています。日本史では、新羅はとても強い政権のように描かれています。

ところが、新羅が唐に逆らったときは、実は高句麗に代わる渤海《ぼっかい》（六九八〜九二六年）という勢力がもうすでに出てきています。唐と渤海が争い、そして唐とチベットがチベット方面でも争っている。要するに渤海が唐との間に入ってくれたので、新羅は独立できた。このことが日本史の教科書では抜けてしまっているのです。

宮脇　大陸の勢力を一つずつ別々に見てしまうので、それぞれのつながりについて日本人は全然わかっていません。

倉山　では、独立新羅と日本の関係はどうなったか。七三五年（天平《てんぴょう》七）に、新羅が勝手に日本の許可なく国号を「王城国《おうじょうこく》」と変えます。すると、聖武《しょうむ》天皇に叱責《しっせき》され、新しい国号を撤回するという事件が起こりました。奈良時代のことです。

日本史の教科書は、日本人に白村江でコンプレックスだけ植え付けて、「新羅は強い国」と勝手に書いておきながら、その後に「唐の後ろ盾《だて》がなければ新羅は何もできなかった」と

8世紀の東アジア

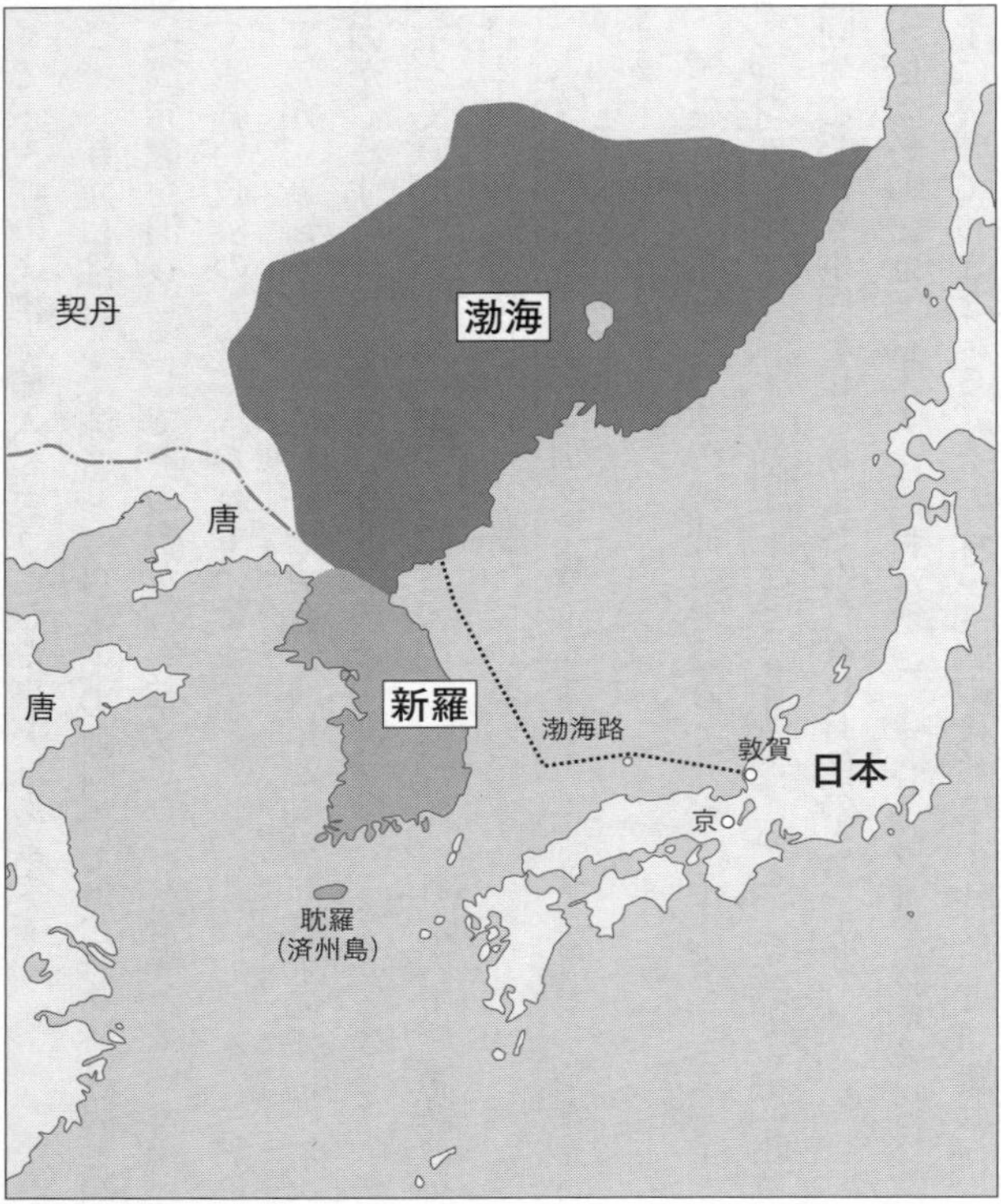

この時代の大陸東北部には、沿海州からのちの満洲国に当たる地域にわたって、渤海という大国が栄え、日本とも通交していた。渤海が亡ぶと、契丹人の国家「遼」が進出する。新羅は、こういった北方勢力によって半島に閉じ込められており、決して強国といえるものではない

いうことは一切記述していません。

宮脇　戦後の日本は、北朝鮮・韓国に遠慮して本当に日本史を書き換えているんだもの。戦前は、もう少しちゃんとしたことを書いている。

以前、私は『歴史通』（二〇一三年十一月号）に「広開《こうかい》土《ど》王《おう》碑《ひ》の碑文が改竄《かいざん》されたという大ウソ」という東洋史エッセイを書いたことがあります。これも戦後になって、日本の進歩的知識人が韓国や北朝鮮に迎合して、戦前の研究を否定したという話です。

今の中国吉林《きつりん》省の輯安《しゅうあん》（集安）にある広開土王碑は、高句麗王である広開土王が死んだ翌々年の四一四年、生前の勲功をたたえて息子が建てた石碑ですが、清末《しんまつ》の一八八〇年、この地の農民が発見し、翌年清国の役人がその一部を拓本《たくほん》に取り、それからまもない一八八四年に、日本陸軍の砲兵大尉が拓本を取って日本に持ち帰って研究が始まったものです。

碑文でもっとも有名な個所が、「倭は辛卯《しんぼう》（三九一）年をもって来《きた》りて海を渡り、百残《ひゃくざん》（百《ひゃく》済《さい》）・新羅《しんら》を破り、もって臣民となす」です。この他にも、四〇〇年には倭軍が新羅を攻めたために高句麗が救援を送ったとか、四〇四年にも、倭が帯方郡《たいほう》（今の北朝鮮の黄海道《こうかいどう》近辺）を攻め、高句麗が倭軍を破ったと刻まれています。つまり、倭軍が朝鮮半島の北のほうまで軍を送った証拠なのです。

ところが戦後、韓国や北朝鮮は、この拓本は日本軍が改竄したものだと言い出し、日本人の中にも同調する人が出ました。それればかりか、碑文を曲解して、高句麗が海を渡って倭を攻めたのだという韓国人学者もいるほどです。

しかし、日本にとって幸いなことに、日本の調査隊以前に採《と》られた拓本が二〇〇五年に中国で発見され、それが日本の拓本と完全に一致すると中国社会科学院が発表しました。ところが韓国人は、今度は中国が改竄しているかのように言い出し、絶対に認めようとしません。

倭の五王にしても、四七八年、シナの南朝に使節を送った倭王武《ぶ》（雄略《ゆうりゃく》天皇と思われる）が宋《そう》からもらった称号は、「使持節《しじせつ》・都督《ととく》倭・新羅・任那《みまな》・加羅《から》・秦韓《しんかん》・慕韓《ぼかん》六国諸軍事安東《あんとう》大将軍倭王」で、つまり、朝鮮半島全部が倭王の支配下というか、倭王の勢力下だという称号を、当時のシナの南朝が認めているのです。

倉山　ちなみに、その古代の『漢書地理志《かんじょちりし》』から『隋書東夷伝《ずいしょとういでん》』まで、覚えさせられる史料だけを見ていっても、日本の勢力はどんどん拡大しています。『漢書地理志』から村で始まり、見ていくと、『宋書夷蛮伝《そうじょいばんでん》』の段階で「朝鮮半島全部を私のご先祖様はこれだけ支配したので、権利を認めてよ」という挨拶《あいさつ》で、聖徳太子《しょうとくたいし》の『隋書東夷伝』では「オタク（隋）皇帝、ウチ（倭）天皇」と対等になっているのです。

宮脇　そうですね。戦前は任那の一部をさして「任那日本府《にほんふ》」と言いました。しかし、近年の教科書は一切ネグっているというか、この名称を落としてしまっています。金官加羅《きんかんから》としか書いていません。つまり、新羅、百済、高句麗のほかに任那があったわけです。三国史ではなく、本当は「四国史」だった。

ただし、任那というのが国境のある国家だったかというと、そうではありません。我々の日本列島は、まだ日本という言葉がないので、「日本府」はウソなのです。つまり、まだ「日本」という称号を持つ前に日本列島から朝鮮半島へ倭人が行っていたので、「日本府」とは言えません。それで戦後、その呼び名を自主的にやめました。

しかし、朝鮮半島に倭の拠点が十五都市もあったのは本当のことです。これらは商売人の都市です。日本列島はものが豊富でした。鉱物資源はあるし、食べ物もある。とにかく豊かだから、貿易のための拠点が朝鮮半島に必要になります。釜山《プサン》などから韓人もやってきて、朝鮮半島の南のほうに倭人が町をつくりはじめるわけです。

ですから、これをのちに「日本府」と言うようになるのですが、任那のあたりは倭人の拠点がたくさんあった。しかも倭人は軍事力が強いので、百済やら新羅も倭の武人をアテにする。だからこそ、高句麗広開土王碑がある今の中国の吉林省や遼寧省《りようねい》まで倭軍が攻めていったのです。百済はとくに倭をアテにして同盟を結んでいますし、日本列島の軍人が自分たちの商売を守るために商人と一緒に出張《でば》っていたわけです。だから、対馬《つしま》海峡を挟んで北も南も完全に倭人の勢力圏、一つの地域だったのです。

ただ、それが日本の東北地方まで及んでいたかというと、そういうものではありません。

倉山　まあ、関東地方ですね。新潟がぎりぎりでしょうか。ちなみに、日本海と今の沿海《えんかい》州《しゆう》も交易がありますね。

宮脇　清津《せいしん》（チョンジン）という北朝鮮の港は、若狭《わかさ》半島の敦賀《つるが》とか、あのあたりからものすごく近い。ですから、古くより交易路がありました。二〇一三年八月に滋賀県の文化財保護協会が発表したのですが、琵琶湖《びわこ》西北の上御殿《かみごてん》遺跡から、内モンゴルや華北と同じオルドス式銅剣の鋳型《いがた》が出土したんです。朝鮮半島では出土例がないので、これは、朝鮮半島を経由しない日本海ルートの交易があったという証拠の一つとなります。

もう一つの証拠は漢字です。朝鮮半島では川の名前が全部「江」ですが、これは大陸の南方方言、揚子江《ようすこう》や長江《ちようこう》の「江」です。北方は黄河《こうが》の「河」のように、もともと発音が違うので別の漢字を使います。ということは、大陸から朝鮮に入った漢字を使う人たちは、南方から来た人たちだということになります。北京《ペキン》回りで来ていないということです。

黄河よりも北にいるのは狩猟民とか遊牧民で、強いので、大陸の南にいる農民は簡単にそこを越すことはできません。だから、北の陸路を避けて南回りで船で来たということです。

倉山　根本的に、古代から朝鮮半島に「コリア民族」という人たちがいたという話がファンタジーで、フィクションなのです。北のほうの高句麗は、満洲《まんしゅう》とコリアの雑種みたいなものです。漢民族も北のほうから入ってくる、南からジャパニーズも行く。済州《さいしゅう》（チェジュ）島と本土の関係も民族的に全然違うし。あの人たちは今でも憎みあっています。

結局、ネイションとしてのまとまりなど、実はどこにもありません。黄海道とか慶尚道《けいしょうどう》といった「道《どう》」ごとにエスニックが完全に違います。日本の関東人と関西人どころの違いではありません。

宮脇　やっぱり、あちらの半島が一つだとは思えませんね。古代からずっとそうだったので、だからこそ、こんなに必死になってみんな「コリア民族」というファンタジーをつくろうとしているんだと思いますけれど。

互いに信用しないと今でも言っていますからね。北の人は南の人を信用しません。狩猟民や遊牧民と、農耕民は、やっぱり人種が違います。朝鮮半島では、それらが混じっているわけです。だいたい、北から入った狩猟民や遊牧民のほうが軍事力が強いので支配者になっていきます。

古代からずっと緩衝《かんしょう》地帯にすぎない

宮脇　新羅と日本の国づくりは同時期に行なわれます。『世界史のなかの満洲帝国と日本』（ワック　二〇一〇年）で書きましたが、後漢《ごかん》（二五〜二二〇年）が滅びたあとのシナ大陸の内乱期に、朝鮮半島や日本列島の原住民たちが自立して発展したんですね。ところが、唐という巨大帝国が、たちまち百済と高句麗を粉砕した。生き残った新羅と倭国は、唐に対抗するため、国境をもち、その内側に住む人々をすべて組み込む強固な政治組織をつくる必要にせまられた、ということです。

倉山　新羅は、白村江の戦いの直後に半島を統一したんですね。六七六年以降は「統一新羅時代」なんて言われています。

宮脇　結局、ドサクサにまぎれて統一も成されました。隋・唐は、国境を接する高句麗がとにかく目の上のたんこぶなので、高句麗を滅ぼしたい一心で何でもしたわけです。だから、新羅を使って高句麗を滅ぼそうと動きます。高句麗の背後と手を組んだというだけの理由です。六六八年に高句麗が滅びたあと、実は唐は新羅も滅ぼそうとしています。つまり、直轄《ちょっかつ》領にするために役人が入っていった。さすがに新羅はそれに対して大抵抗をします。高句麗と違い、新羅はちょっと遠いので、直轄支配はやはり無理だということになり、唐は植民地統治のようなかたちで新羅に「半独立」を許すことを決めます。

新羅には地の利がありました。朝鮮半島の東にあったので、唐から遠かった。ただ、それだけの話です。

倉山　もう一つ渤海という勢力が入ってきたというのもあります。そうすると新羅は、今度は日本に媚《こ》びはじめる。新羅と渤海はずっと仲がいい。ほとんど戦争していませんね。

宮脇　いつでも、どこか強い相手を探しては組む。このくり返しです。しかし、渤海は先に日本と組みます。渤海は、ずっと日本と組んでいます。渤海は、唐も嫌だし、朝鮮半島とかかわるのも面倒くさいから、日本とうまくやっていこうとしました。敵の敵は味方だから。

倉山　渤海は渤海で、彼らを「満洲人」と言ってはまずいんですよね。

宮脇　渤海は渤海です。渤海の人々を満洲人とするのは時代が飛びすぎですね。満洲という言葉は十七世紀までありません。さかのぼりすぎるのはウソになります。ほかの種族と混じって満洲人の祖先にはなりますが、その一つということです。

倉山　しかし、韓国の歴史の中では、高句麗も渤海も高麗も全部朝鮮人（韓国人）としていますね。他国の栄光もすべて自分のもの……。

宮脇「渤海人は朝鮮人だ」って彼らは言いますね。でもそれは、中国のやり方を真似《まね》ているのです。中国史は、北京を支配した人間は、すべて中国人にしてしまいましたから、満洲人もモンゴル人も中国人です。だから、朝鮮はそれを見倣《みなら》って「一人でも朝鮮人、つまり朝鮮半島の出身者が加わっていたら、朝鮮だ」ということにしたのです。

倉山　先ほど、宮脇先生は、新羅の国づくりと言われました。たしかにいちおう朝鮮というのは独自の文化を持った民族だという意識を、日本人の圧倒的多数の人が持っているようです。ただし、それが西洋の近代の概念でいうところの「ネイション」と決定的に違うのは、彼らには自立しようという気がまるでありません。できないし、する気もない。

宮脇　統一時代の新羅は二百数十年続いたというけど、そもそも自立できないんです。その国土のサイズからして無理でしょう。最初から考えてもいません。自立といっても、今の韓国や北朝鮮だって、どうですか。見てください、自分たちでやっていける国でしょうか。

倉山　こう言ってしまっては悪いですけれど、北朝鮮はあの半島の歴史の中では、かなりまともな政権になってしまうんですよね。スターリンと毛沢東《もうたくとう》を天秤《てんびん》にかけよう（詳しくは276ページ）なんて、金日成《きんにっせい》（キム・イルソン）は大したものです（笑）。

宮脇　本当に、あれ以外に方法はないだろうという動きですね。とにかく、自給自足がまったくできない、自分たちだけで何かできないサイズであり、国力なのです。それはもう歴史としてそう言わざるをえない。

倉山　新羅は結局、国づくりというよりも、日本と渤海と唐に囲まれてバランスを取った。バッファ・ゾーン（緩衝《かんしょう》地帯、中立地帯 buffer zone）なんですね。

宮脇　いちおう方向性としては、朴槿恵《パククネ》がやろうとしていたのはそれでしょう。「バランスの中の中心」といったようなことを言っていましたね。

倉山　言っているだけです。どちらかと言えば、李氏《りし》朝鮮（2章と3章を参照）のほうに近いのではないですか。

宮脇　李氏朝鮮に近いのは北朝鮮でしょう、やっぱり。もっと近いのは。

倉山　強国に依存心の強い李氏朝鮮と北朝鮮は違うような気がします。北朝鮮は朝鮮半島の中では稀有《けう》です。あの半島の歴史の中ではある意味で自立心が強すぎる政権です、良くも悪くも。

コリアのもととなった高麗《こうらい》

倉山　九一八年に王建《おうけん》が高麗《こうらい》を建国します。そして九三六年、高麗が後百済《ごくだら》を滅ぼして朝鮮半島を統一したということになっています。この王建が何人かといえば、いちおう「コリア民族」ということになっています。

このあたりは「中朝論争」といって、産経新聞が「韓国が正しい」というようなことを言っています。しかし、高麗は高麗。沿海州とか、のちの満洲人になるような人とかが沿海州あたりにいて朝鮮と一緒くたになって、実はよくわからない。DNA鑑定などしようがないので、結局、何人かはわかりません。現代の国境と民族に合わせて「チャイナかコリアか」と論争すること自体が、あまり意味がありません。チャイナ（漢）、コリア（韓）、マンチュリア（満）と、混在しているのですから。

宮脇　今の朝鮮半島の土地にいた人はみんなコリアンということになりますが、絶対に北から入っているでしょう。だいたい、シナの漢人《かんじん》といっても、黄河中流域の支配層はほとんど北から入ってきています。それと同じで、朝鮮半島でも、だいたい、武人が北から馬で入ってきて、支配する。

南の百済でも支配層と被支配層は言葉が通じなかったようです。百済は、扶余《ふよ》ですからね。扶余といったら、それこそハルビンのあたりから来たわけですから。

倉山　それに「民族」という言葉自体、本人の意識の問題であり、極めて政治的な結論にならざるを得ない。当時の王建がどの「民族」であると意識していたかなどという証拠は、どこにもあるわけがありません。

宮脇　本人たちもそんなこと気にしてないでしょう。しかも、その「民族」という言葉は十九世紀までありません。だから、私たちが論文を書くときはすごく悩んで、「種族」としますす。「部族」も少々違います。「部族」というのは政治集団です。部族よりは上位で、なんとなく似ていて、なんとなく言葉が通じる人たちという意味で、まだ「種族」のほうがマシかな、というくらいに考えます。

倉山　私はもう大根切りで「王建は満洲人で、高麗は満洲人が朝鮮半島に立てた王国です」と言い切ってしまいましたけどね。まあ、「原《げん》満洲人」くらいに言っておくのがたぶん一番正しいのでしょう。

宮脇　そこはまあ、お好きにどうぞ。満洲人自身が本当に混血ですからね。それに、今、古代韓国史とか韓国人は言っていますが、古代に韓国なんていう国はなかったのですから。

倉山　だから、高麗から話を始めると、この建国者である王建が何者かというのは、結局、中朝論争で今の国と民族だけで見ているから訳がわからなくなってしまうのです。どこの出身であろうと、名前からしても、位置的にも、のちの満洲人あたりだろうというふうに捉《とら》えていいんじゃないかなと私は思います。

宮脇　のちの満洲をどのへんにするかということも、まあアバウトな話です。のちの清朝の父祖にまつわる話もね、けっこう作為が入っていて……。

倉山　満洲国の領域ぐらいにしても、清朝の父祖の地をどこにするか、これもおかしい。全部作為で、「民族」という言葉が政治的なので、実証的に説明できないのです。自然科学と人文科学で説明できない言葉なんですよね、「民族」という言葉は。実にややこしい。

宮脇　確かに言えることは、高麗を「コリョ」と読んだのが、英語に入ってコリアになったということです。マルコ・ポーロの時代、つまり元《げん》のフビライの時代からです。モンゴル時代にヨーロッパ人が東アジアまで来たから、モンゴル時代の名称がすべて現在の国名につながるのです。

当時、日本はジパングと呼ばれていました。これは、「日本国」を「ジッペン・グ」と呼んだことからきています。今でも中国の南方方言では、日本は「ジッペン」です。

要するに、シナは人間が北から下りてくる。それで今の共通語も北方寄りになってしまったのだけど、当時は北京のあたりでも今の南方方言を話していたらしく、マルコ・ポーロが耳で聞いたのが、ジッペン・グだったということでしょう。それが、今では長江以南の発音になっているということです。

だから今、日本が英語でジャパンと呼ばれているのは、日本という国号のなまりに過ぎず、日本は古くからの自称が世界に通用している稀有《けう》な国なのです。

倉山　一つ整理すると、高麗は、結局、ネイションとしてのコリアのもとです。そして、高麗というのは周辺からもいろいろな民族がぐじょぐじょに入っているんです。のちに満洲人になるような北のほうから入ってくる人たちや、済州島の人などは、明らかにエスニックとしてもネイションとしても違います。高麗をネイションと呼んでもいいのですが、エスニックとしては明らかに異なる人たちが集まっています。

モンゴルの一部になる

宮脇　朝鮮にモンゴルが攻めてきたのは、オゴデイ（第二代モンゴル帝国君主）の時代からです。一二三一年からモンゴル軍が朝鮮半島に侵入して、六回も蹂躙《じゅうりん》し、何十万人もの高麗人を鴨緑江《おうりょくこう》の北に連れ帰ります。彼らを農奴のようなかたちで鴨緑江の北部に入植させて穀物をつくらせていました。

一二五八年、江華島《こうかとう》でクーデターが起こって、一一七〇年から続いたという「武臣《ぶしん》政権」が倒れ、これはもうモンゴルに降伏するしかないということで、高麗王の息子、太子が自らモンケ・ハーン（第四代モンゴル帝国君主）に会いに行きます。ところがモンケ・ハーンは南宋《なんそう》征伐の従軍中に四川《しせん》省で疫病にかかり死んでしまいます。すると、たちまち弟たちの間で内戦が勃発《ぼっぱつ》します。

そこで高麗の太子は、モンケ・ハーンが死んだ直後、前線から引き揚げてきたフビライ（第五代モンゴル帝国君主）に面会するのです。フビライは兄が死んだというので、急いで自分の本拠地の今の内モンゴルに戻る途中で、高麗の太子に会った。そこで、太子が「高麗は臣従《しんじゅう》します」と言ったので、フビライはとても喜びます。まだハーンになっておらず、帝国の君主にもなっていないフビライのところに高麗太子は自ら降《くだ》ってきた。だから、フビライ・ハーンの宮廷の中では高麗太子は席次がすごく上です。そして、そのときに面会にきた高麗の太子は、自分の息子とフビライの娘の結婚を約束し、息子はフビライのところへ婿入《むこい》りすることになりました。

そうしてフビライの娘の産んだ子が、のちの高麗王（第二十五代　忠烈王《ちゅうれつおう》）になります。以降、代々の高麗王の母親はモンゴル人となり、朝鮮半島の近世につながる歴史の中で、この一二五九年のフビライへの臣従が大きな起点となるのです。

歴史の年表で区切っても、なかなか絶対的な転換点とはならないところが、とくに大陸の歴史の難しいところです。日本では君主が決めたら、みなが「はい」と割合に一気に変わることが多いのですが、あちらは、「だからどうなのよ」と、言うことをなかなか聞きません。

このあと、「王様と息子はモンゴルに降った、けしからん」というので、残った武人や軍人たちが、「俺たちはモンゴルなんか嫌だ」と反乱を起こします。それが「三別抄《さんべつしょう》」という軍隊です。

この反乱軍は島沿いに動いていきます。だいたい、モンゴルは海に弱いので、そもそも高麗は江華島に逃げこんで抵抗していました。モンゴルが六回も朝鮮半島を蹂躙したときに、国王と実権のあった軍人たちは、みな江華島に逃げ込みました。今の仁川《インチヨン》空港からちょっと海を隔《へだ》てた場所にあり、日本がのちに軍艦を送って江華島条約を結ぶ、あの江華島です。対岸から見える位置にありますし、今は橋もかかっていて、そんなに遠くはありません。しかし、瀬戸《せと》の潮みたいにすごく流れが速い。崖もあり、なかなか簡単には渡れない島です。そういうわけで、江華島にいるかぎり安全なのです。

モンゴルは、「お前たちは条約を結んだのにけしからん、出てこい」と言うのですが、国王と軍人たちは江華島から出てこない。かわいそうな高麗の人民は、モンゴル軍が来たら海か山へ逃げろと言われていて、捕まっては連れて行かれ、捕まっては連れて行かれ……。実は現在、遼東《りようとう》地方にいる漢人たちは、もと高麗人がけっこう多いと言われています。

倉山　韓国の歴史では、いわゆる高麗武臣政権が三十年、四十年抵抗したということになっています。韓国が民族の英雄叙事詩で威張《いば》るぶんにはいいのですが、常識で考えて、国土が他国の軍隊に攻めこまれているのを負けと普通は言いますよね。城攻めは、攻められたほうがその時点で負けているわけです。城攻め自体は失敗してもいい。攻撃している時点で勝ちなのです。その間に国土を荒し回っているわけですから。三別抄が三十年、四十年、江華島にこもって抵抗したというのは、モンゴルの事情としては勝ちを焦《あせ》らなかったということでしょうか。

宮脇　三別抄が江華島にこもっていたわけではありません。江華島には国王と高麗軍がいました。だから、そのときは三別抄という名前はありません。その高麗軍の中の反乱軍を三別抄と呼びます。三別抄は、一二六〇年にフビライが即位する直前、一二五九年に高麗王が降って、いよいよ高麗が元朝の支配下に入ったあとで反乱を起こしました。三つの軍隊が反乱を起こしたので、それを三別抄と呼びます。

それまでは国王より武人のほうが力がありました。国王は最初からモンゴルに友好使節を送り、モンゴルの言うことを聞くと言っているのに、武人が抵抗するから、結局、約束を守らないで違反し、また約束しては違反していました。つまり、モンゴルと仲良くすると言っておきながら、その後何も言ってこないので、怒ったモンゴルがまた攻めこむといったことをくり返していたわけです。

倉山　なるほど。何か、韓国の歴史によると、「三別抄が江華島にこもって四十年間モンゴルを引き止めた。それによって日本の鎌倉《かまくら》幕府は、一二七四年の文永《ぶんえい》の役《えき》（最初の元寇《げんこう》）までの時間を稼げたので、ありがたく思え……」というような話になっています。ついでに言うと、NHKの大河ドラマで『北条時宗《ほうじょうときむね》』をやっていた頃、そういうマンガがありました。

宮脇　ああ、それはウソです。結果として多少の時間稼ぎにはなったかもしれませんが、三別抄の乱は一二七〇年です。ですから、モンゴルの家来になってから十年間はおとなしかったわけです。そのあとで、反乱を起こしています。

モンゴルも忙しいので、朝鮮半島ばかりにかまけてはいられません。モンゴル人の戦争というのは、基本的に、現地をそのまま征服するのではなく、人間かモノを取って帰ってくるだけなのです。要するに黒澤明《くろさわあきら》の映画『七人の侍』で村を襲撃する野武士と同じ。「そろそろ収穫時だ」とか言って戦争に出かけ、奪うモノが足りないと人間を連れて帰ってくるわけです。高麗は、そのような侵入を三十年間で六回されたということです。

倉山　結局、高麗や三別抄が抵抗している間も、フビライとしては日本に降伏勧告の使者をよこしています。その時点でモンゴルと高麗の大勢《たいせい》は完全に決しているんですよね。

宮脇　もちろん、高麗はまったく負けているのですが、本当に負けたと言わないまま、ズルズルと三十年過ぎたというだけのことです。

倉山　六回も侵攻されていますからね。

宮脇　大蹂躙です。最初はちょこちょこっと出て行って、次にもう少し先まで進み、次第に南のほうを全部回って行きます。モンゴルは、戦争はモノを取る商売だと割り切っていますから、戦争する人間が、「今度は高麗だな、そろそろ行こうか」と遠征したにすぎないと考えたほうがいいでしょう。そういう国なのです。

モンゴル帝国は、オゴデイという二代目のときに割とまじめに国家組織を自分たちで討議して、世界征服戦争をすることを決めます。百万人の人口しかないのに、世界中に行くことを決めた。インドと朝鮮半島、南宋、ヨーロッパ……と決めて、「いっぺんには無理だね。では、どこから先に攻めようか」という会議をした。だから、一番儲《もう》けられるところ、一番うまくいくところから順番に戦争をしていくのです。

倉山　フビライの娘を娶《めと》り、モンゴルを後ろ盾《だて》にして第二十五代高麗王になった王諶《おうじん》（一二三六～一三〇八年）が結局、三別抄を叩きつぶす手引きをします。のちの忠烈王であるこの王諶は、朝鮮人からしたら完全に「超」の付く売国奴ですよね。

モンゴルの助けで三別抄を叩きつぶして、自分がその高麗の傀儡《かいらい》政権の王様になる。その後、高麗人にクーデターを起こされて王位を廃されますが、またモンゴルに救われて復位するという、どうしようもない王様です。他人事《ひとごと》ながら腹が立つ。

宮脇　反乱軍を叩きつぶすといっても、すでにモンゴルの家来なので、当たり前です。韓国史では、三別抄に反乱を起こされて高麗がなくなるところを、モンゴルの助けを借りたということになっています。のちのクーデターから復位できたのもモンゴルの後ろ盾あってのことですから、忠烈王はモンゴル事大《じだい》主義者です。

倉山　日本の鎌倉幕府は、このような朝鮮半島の動きとはまったく関係なく国防体制を進めていきます。宋から亡命した僧侶から情報を得たという話が鎌倉時代の史料にたくさん出てきます。「三別抄がモンゴルを引き留めた結果、時間稼ぎができて日本は助かった」と韓国人は言うのですが、日本にはそんな実感はまったくありません。

ついでに言うと、この忠烈王以降の国王は「イジリ・ブハ」とか「パスマ・ドルジ」とか、モンゴル風の名前を名乗っています。

宮脇　母親はモンゴル人で、代を経《へ》るにつれてどんどんモンゴルの血が濃くなっていきますから、当然です。元朝皇族と一緒に、夏は草原のテントで暮らし、冬は大都《だいと》（北京）の宮廷でモンゴル式の暮らしをしていますし、自分のことをモンゴル人だと思っていたはずです。

それから、高麗王には忠敬《ちゆうけい》王や忠烈王といったように「忠義」の「忠」の字がついています。フビライに降りに行ったのは、のちの元宗《げんそう》・忠敬王ですが、当時、高麗王の息子で、太子という肩書でフビライに降りました。

つまり忠烈王の父親である第二十四代高麗王は、「元宗」という「宗」の字が入った王号と、「忠」の入った「忠敬王」という二つの王号を持っているわけです。この元宗の先代、第二十三代高麗王・高宗《こうそう》にも「忠憲王《ちゆうけん》」という王号があります。フビライに降ったときの高麗王だから、高宗にも「忠」がつけられているのです。

王号というのは生きているときは絶対にありません。忠敬も忠烈も死んだあとの廟号《びようごう》です。もちろん高宗や元宗といった号も生前は絶対に使わない。ただの「王様」ですから。亡くなってお祀《まつ》りするときに、どっちを使うか、何を選ぶかということになります。

元宗は太子としてフビライに降って、そのときは元宗と言わないわけですよね。そのあとで国王になったときも元宗とは言いません。死んだあとで、「元宗」「忠敬王」と呼ばれるようになります。

倉山　後世の人がおくったわけなんですね。忠烈王の次の時代におくったわけですね。つまり、フビライに降ってからですよね。

宮脇　それに、太子というのも、日本のような皇太子ではありません。日本では天皇の後継ぎは皇太子、また、シナ皇帝の後継ぎも皇太子ですが、後継ぎでない皇帝の息子は太子といいます。高麗は、皇帝号はないけれども、自分たちで「宗」という、いかにも皇帝らしい王号をずっと続けてきて、それで息子のことを太子と呼んでいたわけですね。元宗は、同時に忠敬王というダブル・ネーミングなのですが、息子はフビライの娘と結婚して忠烈王という廟号だけになります。

やはりモンゴルに降ったことで、宗という王号から格下げされたとしか考えられません。しかもそれから息子は太子と呼べなくなり、「世子《せし》」と呼ぶようになります。忠のついた王様の息子はずっと世子です。独立国家の皇太子の扱いではなく、家来の藩王《しんおう》か何かの息子扱いなので、それで一ランク下の世子になるわけです。

それ以来、ずっと高麗は世子です。太子は二度と持つことはありませんでした。シナの王朝が明《みん》に替わり、清に替わっても、高麗に太子号はありません。

太子ということについてはモンゴル人もよく知っており、太子を「タイジ」とモンゴル語で呼んでいます。のちの清朝第二代皇帝ホンタイジも、もともと皇太子という言葉がホンタイジという発音になっています。意味は皇太子で位を継ぐものということなのですが、格好いい名前だから、位を継がなくてもホンタイジという名前がたくさんできるのでややこしいことになります。

しかし、モンゴル人にとって「タイジ」という称号は、男系でチンギス・ハーンの血を引いていなければ使えないという考えでした。引いていないのに名乗った者には罰が当たります。そもそも名乗れないし、名乗りません。チンギス・ハーンの血を引いていない場合は、「タイシ」（太師）と言います。これは軍隊の長官、将軍を意味します。非常に位の高い将軍で、大将ではあるけれども、男系の血筋で言えばチンギス・ハーンとはつながらないという意味なんです。だから、モンゴル人の中ではちゃんと格上・格下がありました。満洲人もそれを知っていたので、モンゴルのタイジというのは位の高い親王扱いというか、自分たちでは使わなかったとか、そういうことがありました。

清の太宗《たいそう》ホンタイジは、最初から皇太子になるつもりでそんな称号をつけたという人もいますけれども、たぶん違うと思います。固有名詞として使っていたのでしょうね。もっとも、あとでそういうことにしたのかもしれませんが。

朝鮮は本当に歴史の書き換えが平気な人たちだと実感しました。

もとより同一民族ではない南北朝鮮

倉山　改めて、高麗、つまりコリアと李氏朝鮮は同じ民族なのでしょうか。

宮脇　違います。今、私たちは「高麗がコリアだ」と聞くと、鎌倉時代の日本が今の日本になったように、高麗がそのまま、今の二つに割れてしまった北朝鮮と韓国になったと思ってしまいがちですが、それが大間違いです。

なぜかと言うと、モンゴル時代に一度ご破算があります。つまり、今の北朝鮮に当たる地域はモンゴルの直轄領でした。今の韓国がある地域だけが高麗です。ということは、コリアからもう一度、古代の三国時代に戻るわけです。コリアといった高麗は、モンゴルに抵抗していた三十年間はそのままの高麗ですが、モンゴルに降ったとたんに北部はモンゴルの一部となります。南まで直轄領にしなかった理由は、南は土地柄もあまりに違うので、食指《しょくし》が動かなかったということでしょう。

要するに代官として高麗王に支配させるために、高麗を潰さず置いておいた。しかしながら、もとの高麗の大きさはこのときになくなってしまいました。南方の現在の韓国ぐらいの

13世紀末の東アジア

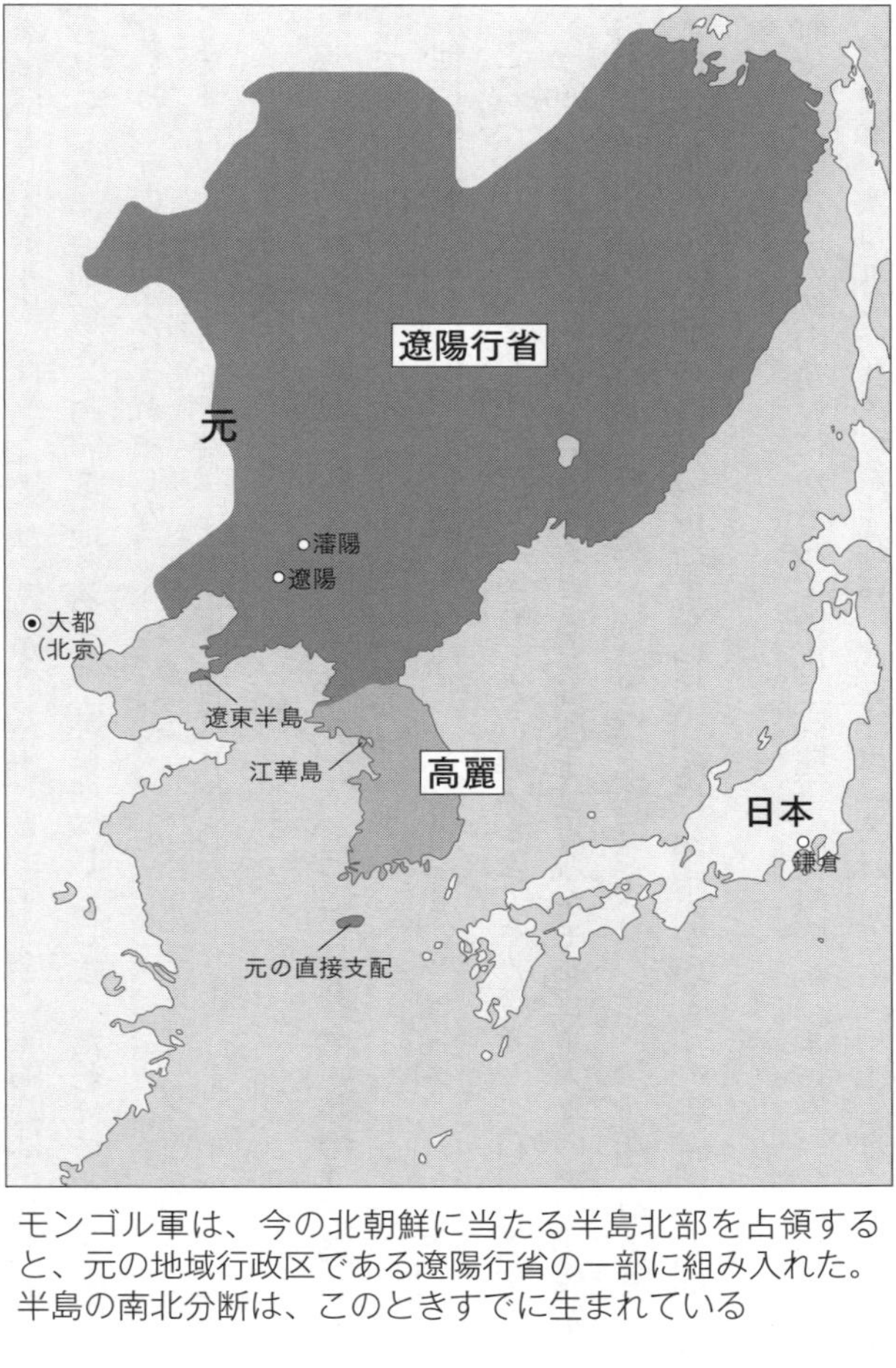

モンゴル軍は、今の北朝鮮に当たる半島北部を占領すると、元の地域行政区である遼陽行省の一部に組み入れた。半島の南北分断は、このときすでに生まれている

地域を高麗とし、済州島（耽羅《たんら》）はモンゴルが直轄領とします。今の北朝鮮は、狩猟民にとっても暮らしやすく地続きで同じ土地なので、直轄地にしてしまったわけです。「遼陽行省《りようようこうしよう》」という、元の支配下に入れました。

そこでまた、かわいそうな朝鮮はもう一度、古代に戻された。

倉山　このへんはもう行ったり来たり。

宮脇　遠いところは、代官に任せておいたほうが楽だということですね。取り上げるのは税金だけでいい。

倉山　他に取るものがないのですね。

宮脇　ところが、元朝の直轄下にも連れて行った高麗人がたくさんいるし、自分たちで進んでモンゴルの家来になったのもいる。もともと高麗王は母親がモンゴル人なので、一族が遼陽行省の「瀋王」（もとは瀋陽《しんよう》王と称した）になるのです。つまり、モンゴルから見たら、高麗の人間は二種類ある。北の直轄領に瀋王がいて、南に高麗王がいる。今の韓国と北朝鮮と同じです。

それで、元朝宮廷の権力争いにからんで瀋王と高麗王が大喧嘩をしました。今の韓流時代劇そっくりね。実は元朝時代の朝鮮半島は、高麗王はいるけれども、自由もなく、本当にモンゴルの支配下で、権力闘争、勢力争いをした。

今、中国の延辺《えんぺん》朝鮮族自治州にいる朝鮮人は、日露戦争後、日本が力を持ったときに自分たちで行った人がほとんどです。けれども、その前から、農民はほとんど朝鮮半島から連れて行ったのではないかと思われます。

なぜなら、北京より北のほうには、もともと農民はいません。満洲にいたのは狩猟民です。狩猟民でも種をまいて穀物をつくりますが、基本的に人口が少ない。それから、移動して商売したほうが金儲けができる。ですから、男で森に入って動物を獲《と》ることを知っている人たちは、同じところへ種をまいて一年待つなんていうのは、辛気《しんき》臭くて嫌なのです。はっきり言って、それは男らしくない仕事です。女に任せておけというか、下々の人間のやる仕事、家内奴隷のする仕事となります。

そして、のちに満洲人になる女真《じょしん》人たちは、黒龍江《こくりゅうこう》あたりの北のほうから降りてきたので、もともとが採集民・狩猟民です。動物を獲ったり、魚を獲ったり、森の中の木の実を採《と》ったりして、一カ所に一年中ずっといて土を触《さわ》るという習慣がない。だいたい肉を食べているほうが強くて、身体も大きくなります。だからシナでは北の人間のほうが強い。ミルクと肉で育っているから、栄養がいいわけです。南はとにかく穀物しか食べないので体型も小さいのね。そうすると、戦争をすると北のほうが強い。さらに馬もいるし。でも、真冬に肉のスープだけでは、とてもお腹がすくし、耐えられません。そこで、穀物が絶対に必要となります。それはやっぱり誰かから奪ってくるなり交易するなりしないといけないというので、そもそも昔から狩猟民・遊牧民は交易民でもあるのです。

もともとシナ文明は交易の文明です。生業《なりわい》のまったく異なる人たちが黄河の中流域で出会って、物々交換して、互いに違うものを手に入れる。その物々交換のために漢字が発達しました。話し言葉が違っても、漢字は見てわかる。どんな人でも使える。漢字さえ覚えていれば商売人になれるという共通文字としての機能があります。

だからこそ、黄河という、まわりであまりものが豊かに取れない、農耕にあまり向いていないところで漢字が発達して黄河文明が生まれ、長江は最初に漢字が発明された場所なのに、〝長江文明〟にならなかった。司馬遷《しばせん》の『史記《しき》』がネグってしまった文明が、考古学発掘によって、長江流域にあったことがわかってきました。

長江下流には河姆渡《かぼと》遺跡（紀元前五〇〇〇～紀元前四五〇〇年頃、現在の中国浙江省《せっこう》）が見つかっていますし、長江上流の三星堆《さんせいたい》遺跡（紀元前二〇〇〇年頃、現在の中国四川省《しせん》）では、文字はないけれども高度な青銅器文明が見つかっていますが、司馬遷は一切それを言わない。触れない。つまり、ないことにした。自分たちの黄河だけが中心だと書いた。黄河中流が何で発達したかというと、広域商売の中心だったからです。

だから、朝鮮半島にも漢字を使う人が来ます。彼らはみな商人です。商人のほうが金持ちになるし、力が強い。農民はずっと支配されている人たちです。今でも、頭を使って、金とモノを動かすのが支配階級でしょ。シナの支配層はだいたい遊牧民と狩猟民の子孫です、どう見てもね。農民は一ヵ所にいて、ずっとその土地にしばられる。だって、植えたら一年後にしか収穫できないし、移動もできません。それで、せっかく実ったものを収穫したら、北からやってきた人間に取られるわけです。「天高く馬肥《こ》ゆる秋」という諺《ことわざ》は、食欲の秋じゃなくて、「そろそろ収穫も終わっている、遊牧民が来るぞ」っていう警句ですからね、やっぱり黒澤明の『七人の侍』の世界なのね。

そういうわけで、農民というのはだいたいが使われる人たちであり、農奴《のうど》です。これは、世界中どこも同じです。朝鮮半島も、そもそもスタートの高句麗から、支配している人と支配されている人すべてが同じ種類の同じ民族だったと思うほうが歴史を知らない。支配層と被支配層は明らかに違う人たちです。だからこそ支配ができる。ただ押さえつけて税金を取って、言うこと聞かなかったら殺して、いくらでも代わりはいるぞ、とおどす。

朝鮮半島の南のほうには、シナ大陸から商人もたくさん来て漢字を伝えたり仏教を伝えたりしていますが、朝鮮の南にもともといた人たちは農民が大多数です。支配層は、高麗王はどこ出身かということはわからなくて、みな朝鮮人ということになっていますが、南のほうの、とくに済州島とはたぶん人種が違うと思うし、全部が同じ人たちなんていうことは証拠がないということです。

日本とは異質の密告社会

倉山　高麗では、日本の鎌倉幕府のような武臣《ぶしん》政権が百年ほど続いたと言う人がいるんだけど、全然違うんですよね。で、その中で一番マシな人が、高麗王に反抗した三別抄をつくり上げた崔忠献《さいちゅうけん》です。これが絶頂期で、だから、文班・武班の両班《りようはん》（ヤンバン）というものがつくられたと。

宮脇　両班がしっかりと根付くのは李氏朝鮮からですね。高麗時代は、まだそれほどちゃんと組織化されていない。

倉山　つくられたのが高麗で、根付くのが李氏朝鮮ですよね。
朝鮮の文班って、これは、近代の李承晩《りしょうばん》（イ・スンマン）を見てわかるとおり、根本的にやっていることが秘密警察なんですよね。シナの『史記』の列伝を見たって、あれは秘密警察列伝です。シナの普通の官僚は、いかに相手を密告して陰謀で追い落とすか、みたいなことばかりやっている。
結局、朝鮮というのは、高麗武臣政権にせよ、わざわざ秘密警察をつくらなくたって、あの人たちはそこは普通に陰湿な秘密警察の文化なんですよね。

宮脇　というか、ネポティズム（縁故主義 nepotism）です。自分たちの人間関係の知り合いで動く。人脈でしか動かない。

倉山　人脈自体が、秘密結社化する。

宮脇　オープンな組織とかそういうものはない。人間関係でしか維持できないというのが、もうずっと古い時代からのシナのしくみで、だから人治《じんち》主義って言うんですけど。

倉山　「妻も敵なり」の、二人いれば秘密結社ができるという世界ですよね。

宮脇　騙《だま》し合いの文化であると。

倉山　同じ時期で、鎌倉幕府ではそんなこと全然ないんですよね。

宮脇　徳川家康《とくがわいえやす》の忍者は違うんですか。ただの使い走り？

倉山　あれは秘密警察じゃなくて、単なるスパイですね。御庭番《おにわばん》のことだと思うんですけど、人民を弾圧する秘密警察ではありません。

聖徳太子の時代からスパイは記録に残っているんです。西暦で言うと六〇一年に対馬で新羅から来たスパイの迦摩多《かまた》を捕まえたという記録があります。スパイ自体は人類最古に近い職業なんです。しかしながら、朝鮮とか中国を理解しがたいのは、秘密警察の文化ですよね。で、さらに理解しがたいのが、そういう制度がなくても普通の官僚からしてそうなっているという、ネポティズムによって秘密警察的な訓練ができている点です。

宮脇　私は、それ、モンゴル帝国でもよく知られているので、モンゴルの影響かと思っていたけれど、もっと前からですか。何でだろう？

倉山　もともとそういう文化があるということじゃないですか。「軍国主義をやらないと、秘密警察が走る」の法則じゃないですか。だから、本当に高麗が武臣政権だったら、鎌倉幕府みたいに、結局「軍国主義」になるんですよね、軍事が国策の最優先事項になるっていう意味での。ところが朝鮮では、人間関係で足の引っ張り合いの密告最優先社会だったんです。単なる巨大なサークルで、公《おおやけ》がないんですよ。

宮脇　日本だって、天皇がいて武士がいたということで、パラレルと見なされて、高麗と日本は比較されるんでしょう。王様をわきに置いておいて、実権は武士階級が持っていたっていうようなことをだいたいの人は言うでしょ。で、秘密警察というのがピンと来ないんだけど、たとえばどういうことをどういうふうにするの？

倉山　だから、密告社会。軍人個人の情報を握って失脚させるという文化です。たとえば、文班が武班を密告するとか。

宮脇　つまり、讒言《ざんげん》するということでしょ？　個人的な落ち度を握って。

倉山　はい。御史台《ぎよしだい》はシナですが、ああいうのと同じ。御史台は官僚に対する監察《かんさつ》ですよね。監察って、秘密警察じゃないですか。

宮脇　ああ、そっちのほうがよくわかる。監察文化ね。監察はもう、それこそシナには本当に古くからある。だって、放っておくと何をするかわからないので。

倉山　五権分立なんですよ、今でも中華民国（台湾）って。司法、立法、行政の他に、監察、考試《こうし》がありますが、考試って、官僚の採用なんですね。で、監察というのは官僚の監視です。秘密警察による監視ですね。

宮脇　お互い、相互監視させておかないと何をするかわからないということで、シナにはずっと伝統的にあります。それも、王朝が異民族ばかりでできているからでしょうね。信用できる人たちが全然いないので、同じ職業を二人ずつにさせて、相互監視させて報告させるとか、それぞれから別々に報告をあげさせるとか、そういうことばかりしているわけね。すると、当然、相手というか、ライバルを讒言しますよね。それはもうえんえんと続いています。それならわかる。秘密警察というと、何か、すごく組織的な気がしたので。

倉山　日本の鎌倉幕府って、執権政治とか、あるいは源頼朝《みなもとのよりとも》のときの御家人《ごけにん》同士の争いって、あれは武器を持ってやっている自民党派閥政治のようなものなんです。得宗《とくそう》専制体制（得宗とは、北条氏の嫡流、北条氏九代を指す）って、あれは完全に竹下《たけした》派の一派支配がやっていたことと一緒なんです、本当に。

宮脇　日本は、勢力争いはするけれど、個人の讒言とかをあまり受け入れない。「正々堂々と力でケンカしなさい」みたいな。

倉山　ですから、最終的に合戦で決着をつけますね。いくら北条氏が謀略ばっかり得意だと言っても、最後はみんな合戦をやっています。

宮脇　その違いはとてもおもしろいな。やっぱり大陸では、言葉がわからない、話し言葉の通じないやつらが隣にいるからだと思う。そうすると、絶対に誰も信用できないでしょ。後ろで何を言われているかわからないし。日本はまだ言葉が通じますから。

倉山　鎌倉時代の日本って、同じ人間、日本人ですから。そして、島国で安全保障上有利ですし。とはいっても、国境の対馬と大宰府《だざいふ》は大変ですけど。

宮脇　でも、やっぱり海を隔《へだ》てていれば、楽でしょう。安全保障の心配があまりない。

倉山　そう考えてみますと、対馬の宗《そう》氏と大宰府だけ、ちょっと日本人の中で意識が別なんですよ。

宮脇　ただ、朝鮮半島はとにかく大陸と陸つながりなので、バックをつけてライバルに勝つことばかり考えているわけですよ。で、どこと通じたら相手をやっつけられるかということになるので、結局そういうコネと讒言の社会になるんです。

単なる通り道だった半島

宮脇　元寇のときの日本と朝鮮との関係に話を戻しますと、やっぱり、あるような、ないようなものですね、朝鮮は。結局は、モンゴルが通ってきただけのようにも思えます。

倉山　本当に単なる通り道ですよ。日本史から見たら、大陸と日本がお互いを見ていて、下にいる高麗のことが残念ながら視界に入っていない。

宮脇　でしょう？　道ですよね。だからもう、豊臣秀吉《とよとみひでよし》の朝鮮出兵の時だってそうだけれど、いつの時代も、あそこは通り道なんですよね。

やっぱり主体性がない。だから北朝鮮は「主体思想《チュチェ》」って言ったのね。自分たちに主体性がなかったので。いつだって、あっちに付き、こっちに付きだし、そのとき、そのときの強いほうを探すし。で、やっぱり強いほうにゴマをするし。

倉山　高麗は元寇に関しては本当にまったく主体性がなかったと。モンゴルの後ろ盾で高麗王になった忠烈王のような売国奴のほかにも、ろくな者が出てきません。武臣政権と威張りたいのはいいんですけれど、「日本の鎌倉幕府と比べてどうですか」ということですね。まるで違うものですよね。

宮脇　だから、武人が何回も入れ替わったと言っていましたしね。

倉山　鎌倉幕府は得宗専制家が強いうちはずっと強い。北条貞時《さだとき》まではずっと来ているんですよ。ちなみに、よくカン違いされますが、時宗の時代以上に貞時のほうが権力は強いですね、当たり前ですけれど。戦時体制がまだその後三十年続くので。

宮脇　このあと、倭寇《わこう》がはじまりますね。

倉山　対馬・壱岐《いき》の人たち、元寇による虐殺を生き残った人が復讐で、まず倭寇になりますよね、「初期倭寇」は。これはもう強調しておかなければいけない話ですね。

宮脇　なにせ、ものすごくやられましたから。

倉山　本当に皆殺しにされているので、という話です。

　鎌倉幕府が滅びたあとも、実はいちおう大陸との通交は続きます。建長寺船《けんちょうじぶね》とか天龍寺《てんりゅうじ》船とか、政府同士の商売なんですよね。建長寺船も天龍寺船も、お寺の再建費用を集めるために貿易をやるんです。建長寺船は元が相手で、天龍寺船は元と明《みん》。日本のほうは、鎌倉、室町《むろまち》と、そちらは続いているんです。では、朝鮮がそこで視界に入っているかというと、やっぱり「通り道」です。

宮脇　え？　通ってもいないでしょ。船はそのまま進めば、元と明に着くのでは。朝鮮の港に入ったりしないと思うんですが。

倉山　まあ、寄港する船もゼロではないんじゃないですか。

宮脇　わざわざ今のソウルあたりに入る？　もうそのまま明へ行くんじゃない？　南のほうへ、海へ出て。船が大きければいきなり行くでしょう。もともと遣唐使だってそうじゃないの。朝鮮半島を経由した遣唐使はいますか。
朝鮮半島を経由したら北へ入りますね。山東《さんとう》半島のほうへ行くでしょ。
倉山　そうそう。南のほうと上海《シャンハイ》のほうへ向かうのと、両方ですね。建長寺船、天龍寺船がどう通ったか。
宮脇　いや、日宋《にっそう》交通も半島は経由しません。済州島までしか行っていません。遣明船は朝鮮半島は通らず、直接、杭州《こうしゅう》湾に入っています。昔の遣唐使にしても、北から見ると、一、渤海路、二、新羅路（半島西岸沿いに山東半島へ）、三、そのまま杭州湾へ、四、南島《なんとう》（沖縄）経由――ですから、はっきり言って、このときですら、朝鮮半島を通ったルートは四分の一ではないですか。

歴史上、北は南より上

宮脇　フビライに降ったあと、高麗では王様になる前はモンゴルの宮廷でモンゴル人と一緒に暮らしたわけです。そうすると、元朝宮廷の権力争いと高麗の王の系統は全部連動してくるのね。

　三十年間のモンゴル侵入で六十万人と言われている高麗人が鴨緑江の北に連れて行かれ、そこに高麗人の入植地ができていました。けっこう広い地域で、人数も多い。元朝時代の遼《りょう》陽《よう》・瀋陽《しんよう》というのは高麗人の町なのね。今の延辺朝鮮族自治州なんて、僻地《へきち》です。あんな誰も気に留めないような端っこが最後に重要になるのは、ロシアとの関係で、今はあの一角に朝鮮人の集団が残ったわけです。残りの鴨緑江の北は、みんな漢人になってしまったと言ってもいい。

　一三三九年、第二十七代高麗王・忠粛《ちゅうしゅく》王が死にます。ところが、忠粛王の息子である忠《ちゅう》恵《けい》王が国王になることを元朝宮廷は許さなかった。なぜなら、忠恵王が自分たちの反対派と仲がいいからです。元朝の将軍も彼を嫌っていて、瀋王オルジェイトを支援した。瀋王オルジェイトというのは、遼陽行省におり、第二十五代高麗王・忠烈王の孫にあたります。

　元朝の使者は高麗の本国を訪れて忠恵王を逮捕して大都に連れ帰り、一三四〇年、忠恵王は刑部《ぎょうぶ》（法務省）に監禁された。しかし、直後にそれをやった将軍が失脚したので釈放され、本国に帰って国王になった。

　それでも瀋王オルジェイトの陰謀はやまない。なぜなら、オルジェイトは元朝にいるわけだから。それで、その三年後に元朝の家来の高麗人が、元朝の使者として高麗へやってきて、出迎えた忠恵王を逮捕してしまいます。

倉山　なんで逮捕できてしまうのか。高麗は主権国家じゃないですね。

宮脇　全然、独立国でも何でもありませんからね。忠恵王は、檻《おり》の入った車に載《の》せられて、広東《カントン》に流されるのですが、その途中の湖南《こなん》省岳陽《がくよう》で急死します。

で、そのあと高麗王の位は、忠恵王の幼い長男、忠穆《ちゅうぼく》王パドマドルジ（第二十九代）が継ぎます。

このときに瀋王オルジェイトは久しぶりに高麗の本国に帰り、高麗で死にます。ところが第二十九代高麗王は十二歳で死んで、弟の忠定《ちゅうてい》王ミスキャブドルジが後を継いで第三十代高麗王になります。

倉山　異母弟ですね。

宮脇　そうですね。ところが、元朝皇帝は、忠恵王の弟、問題の恭愍《きょうびん》王バヤンテムルをかわいがって、一三五一年、恭愍王を高麗王に封じます。

恭愍王は、十三歳の忠定王を廃位すると、翌年にこれを毒殺。恭愍王から「忠」の字がついていませんね。この恭愍王というのが、高麗王朝の最後のドタバタの主人公になるわけです。

この時期は元朝が紅巾軍《こうきん》にやられ始めていた頃で、当時、元朝皇帝のお后《きさき》でとてもかわいがられた高麗の貴族出身の女性がいるわけです。元朝最後の皇帝になるトゴン・テムル・ハーンの第二皇后なのですが、この奇《き》皇后が最後に産んだ息子、アーユシュリーダラが皇太子になります。奇皇后の一族の高麗人が高麗本国においても元朝を後ろ盾にして絶大な権力を振るうようになるわけです。

それに対して高麗の恭愍王は険悪な関係にあった。奇皇后の兄が、妹の地位を笠《かさ》に着て高麗の宮廷で横暴を極めます。忍耐の限度に来た恭愍王は抜き打ちクーデターを起こして、この皇后の兄と一族を皆殺しにし、満洲に兵隊を出して攻撃して、現在の北朝鮮の咸鏡道《かんきょうどう》を占領します。このとき、のちに李氏朝鮮を建国する李成桂《りせいけい》（一三三五〜一四〇八年）の父親が高麗に降ったわけです。

この地はもともと元の遼陽行省のど真ん中で、ここにいた千戸長《せんこちょう》、万戸《まんこ》長の一族というのが、のちの李氏朝鮮の王になります。彼らは明らかに女真人です。だって、李成桂の父親の名前が李ウルスブハというんですから。周りもみんな女真人だし、女真人と結婚しているし、咸鏡道というのは今でこそ朝鮮人がいっぱいいるけれども、昔は高麗人がわざわざ行くようなところではありませんでした。農業ができないような山がちなところです。行くのだったら、鴨緑江を越えて西のほうへ行きますよ。瀋陽・遼陽のほうへね。

この咸鏡北道は、秀吉の朝鮮出兵の時代、加藤清正《かとうきよまさ》が虎退治をしたというところです。咸鏡北道のさらに向こうが今の吉林省延辺朝鮮族自治州ですが、こんな僻地に朝鮮人が行くようになるのはずっとあとの時代です。加藤清正は朝鮮を通り抜けてしまって、ウリャンカイという部族にぶつかるのだけど、すでに清の太祖《たいそ》ヌルハチの時代なのに、あんまり向こうの東のほうへ行ったものだから、のち清朝になる後金国《こうきん》には何の記録もないんですよ。

話を戻して、韓国の教科書は、高麗はこのときに勢力を広げたって書いてあるんです。でも、要するに元朝が末期になって紅巾軍にやられ始めていて、皇后が高麗人で皇后のお兄さんが横暴だったので、それをやっつけるついでに、「やってやれ」というので高麗が初めて領土を広げたわけです。

ここにいた李ウルスブハという女真人の長が高麗に降伏。この李ウルスブハの息子である李成桂は高麗軍に入隊して、武勇で名を知られ、紅巾軍の高麗侵入のときに奮戦して敵を撃退。軍事力が強くて、家来も一緒に投降しているわけだし、自分の一族を持っているしで、倭寇退治もするんですね。結局、南方にも回って高麗軍の中で名を挙げていくんです。

さて、横暴だった奇皇后の兄さん一族を高麗国内から一掃したら、恭愍王はただちに元朝皇帝と和解する。「嫌だったのはあいつらだけで、何もモンゴルと仲が悪くなりたくありません」と。

ところが、皇后はずっと一生恨むわけですね。当たり前ですよね。自分の一族を滅ぼされたのだから。それで、皇后一族のほうが今度は別の人を高麗国王に担《かつ》いで、遼陽の兵一万を動員して朝鮮半島に送り込んだ。しかし、遼陽軍は高麗軍に敗れてこの計画は失敗しました。

そういうことで、高麗だけの話ではない。

倉山　というか、モンゴル史のおまけですね、完全に。

宮脇　モンゴルの勢力争いにくっついて、あっちに行ったりこっちに行ったりしている。

倉山　ついた派閥がほとんど人生ゲームみたいな。従属変数ですね。

宮脇　高麗はモンゴルの忠実なる家来ですから、王様は全部モンゴル出身のお母さんが生むことに決まっていた。ということで、後継ぎたるべき王子は、十代になると、モンゴル皇帝のお小姓《こしょう》になって、皇帝の側近として仕《つか》えて勉強することになります。これはモンゴル式支配の仕方で、イスラム文化から影響を受けています。ロシアの宮廷もそうです。

だから、そういうふうにして、すっかりモンゴルに染まってしまうので、高麗に帰ってもおもしろくない。遊び相手もいないし、娯楽もないので帰りたくない。都会にいて、うまいものを食って酒を飲んで、狩猟をして、みんなと遊んでいたいわけです。だから大都に留まりたい。

しかも、元朝になる前に高麗人が六十万人も北に行ってしまっているわけで、それはもうみんなモンゴル人として育てられているでしょう。元寇だって、副司令官は高麗人だし、彼らは高麗本国になんか同情も未練もなく、モンゴルを後ろ盾に、高麗に対して支配階級として命令するわけです。だいたいが故郷の人全部を助けようなんて、そんなナショナリズムを持った人は一人もいない。

そうすると、高麗に残った人間よりも、先にモンゴルの家来になったほうが地位が高いわけです。それが遼陽行省にいた瀋王と高麗王の関係に出てくるのです。モンゴルの支配下においては、瀋王のほうがよりモンゴルに近い。高麗国王は瀋王の一ランク下です。これが朝鮮の北と南の関係になります。

倉山　政治をする時に、北のほうしか見ないですよね。日本の共産党がコミンテルン（各国共産主義政党の国際組織）のほう、モスクワの指令ばっかり見ていたというのと一緒ですね。

2章　聞きしに勝る弱国だった李氏《りし》朝鮮（一三七〇～一八六八年）

とりあえず建国

倉山　高麗が滅び、李氏朝鮮が建国されます。

宮脇　元・明交代のとき、元の最後の皇帝トゴン・テムル・ハーンが一三六八年、大都を捨てて今の内モンゴルに逃げて、一三七〇年に死んでしまいます。その後継ぎのアーユシュリーダラという皇太子は、母親は高麗人で、高麗の恭愍王とケンカした相手です。だから、恭愍王は、さっさと南の明を承認しようとするわけです。

それで、恭愍王は高麗軍を満洲に派遣して、元・明交代のドサクサに紛れて瀋陽と遼陽を制圧しようとしました。なぜなら、そもそも瀋陽と遼陽は、歴代の高麗国王と結婚した元朝のお姫様の領地です。元朝がなくなるのであれば、明は南で興《おこ》った王朝だから、「瀋陽と遼陽はこの際、高麗にしてしまえ」というので、この一帯の遼河《りょうが》デルタを一時制圧してしまったんですよ。

ところが、その恭愍王が一三七四年に側近に暗殺された。後を継いだ養子のムニヌは、なぜか恭愍王と反対に、明が嫌いで北元《ほくげん》（一三六八年に、元が大都から北へ逃れて建国）が好き。

ムニヌはもっとモンゴルと仲良くしていたいので、一三八八年、明がモンゴル高原のほうへ攻めていって、アーユシュリーダラのあとのトクズ・テムル・ハーンが殺されたときに、北元を助けようとして高麗軍を満洲に遣《つか》わしたわけです。

このとき副司令官の李成桂らが、「王様は全然時代についていってない。そんなことをしてどうすんねん、もう時代はすっかり変わっているのに」というので、韓流時代劇『龍の涙』の冒頭の話ですが、「威化島回軍《いかとうかいぐん》」という、王の命令を無視して途中で軍を返すというクーデターを起こします。そして、このムニヌを廃して昌《しょう》という王子を立てる。で、またこれを廃して……。

倉山　「廃して」って、どうしたんですか？

宮脇　捕まえて、島流しにして、息子を立てて、また島流しにして。

倉山　二人とも。

宮脇　で、最後は毒を飲ませるんですよね。そのときに『龍の涙』では、王族のしるしとして体に鱗《うろこ》があるのに、たくさんの家来が来て、毒杯を飲めと言われる。ムニヌと昌は、白い服を着て毒を飲んで、親子ともども死ぬんですね。この息子のほうは、まだ子供なんですが。

李成桂らは、別の王様を立てるんだけど、完全な傀儡《かいらい》ですからね。その後、李成桂が高麗王になって、これを明の洪武帝《こうぶてい》に報告したところ、「あんた、違う一族なのに、高麗のままでいいのかよ」と言われて、「ああそうか」と思い直して、「国名を和寧《わねい》、朝鮮、どっちにしましょう」とお伺《うかが》いをたてる。それで明が朝鮮を選んだので、一三九三年、朝鮮建国ということになります。

応永《おうえい》の外寇《がいこう》と三浦《サンポ》の乱

倉山　足利義満《あしかがよしみつ》の時代、基本的に日本と朝鮮との関係はありません。いちおう貿易はしているんですけれど。一方、明の関心は、とにかく倭寇を何とかしてくれと。そういう話だけですね。

朝鮮国王就任直後の世宗大王《せそうだいおう》(第四代)が、倭寇に業《ごう》を煮やした宮廷の側近たちに押し切られて対馬に攻めてきて、その第一報を聞いた京都は大混乱しますが、とくに命令を出す間もなく現地軍が撃退しているんです。これが「応永《おうえい》の外寇《がいこう》」(一四一九年)で、本当にそれで終わりなんですね。何をしに来たのかさっぱりわかりません。

ちなみに『韓国の歴史』には、こう書いてあります。すごいです。

倭寇を追い払うために水軍を強化して性能のすぐれた兵船を大量に建造し、火薬武器を改良して国防を固めた。世宗時代に艦隊を動員して倭寇の巣窟《そうくつ》である対馬島の討伐もした。（『韓国の歴史――国定韓国高等学校歴史教科書』申奎燮　明石書店　二〇〇〇年）

また、「倭寇を操《あやつ》った日本の封建領主たちは掠奪《りやくだつ》が難しくなると、交易を懇請《こんせい》してきた」ので、これを許してやったと。五十年ぐらい差がある話を一行ぐらいにまとめています。

一方の『明史』には、応永の外寇を見ていたシナ人の商人があまりにも朝鮮軍が弱くて大笑いしたとかありますね。実際、日本は何か蚊に刺されたかのごとく朝鮮軍を撃退してしまいます。

ちなみに、応永の外寇で日本側の取り締まりが強化されて、以後日本人で倭寇をする者が少なくなって、以降を「後期倭寇」と言う人もいるようです。ずっと日本の室町幕府も倭寇取り締まりをやっているのでという話なんですよね。

宮脇　倭寇は、朝鮮側の史料もたいしてありませんが、「倭館《わかん》」というのがあります。朝鮮半島南部に置かれた日本人居留地です。

十四、十五世紀にかけて、「恒居倭人《こうきょわじん》」、つまり朝鮮に居ついてしまう倭人がおり、倭寇に対しては、一四一九年の対馬出兵があって投降を促《うなが》す一方で、朝鮮の官職を授けてやる、朝貢貿易を許してやるというような両方がありました。あくまでも朝鮮側の立場からの見方ですが。

それで朝鮮王朝は、足利将軍へは象牙の割符《さいふ》（折半した印鑑）を贈り、諸大名や地方の豪族たちへは図書《としょ》（実名を刻んだ銅製の印鑑）を配る。これを押してきたものだけとは交易するというシナ方式を使い、その中で最も熱心だったのが対馬の宗氏でした。

対馬の宗氏は、平安時代以来、九州大宰府の在庁官人の流れをくむ一族であったといわれていますが、対馬へ渡って、自ら島主を名乗って宗姓に改める。

宗氏の強みは、日本で最も朝鮮に近いという地の利ですから、島内の倭寇の取り締まりはもちろん、対馬島外からの統制もやって、それで朝鮮側に信用されたのです。

「倭館」という文字が朝鮮史料に登場するのは一四一八年です。初めは正式な使節を応接するための客館ではなく、商売を目的とする者、そのほか不法滞在者を囲い込むための臨時の施設でした。

不法滞在者（恒居倭人）のほとんどは対馬出身者でしたが、その数は十五世紀末、三千人以上。男女ほぼ同数で、年少者から年寄りまでいました。おそらく家族ぐるみで来たのでしょう。

そのうち、けっこう裕福な者が現われるようになって、近在の朝鮮住民に高利の貸付を行なったり、金を返さないと、抵当にしていた土地を取り上げたりする者まで出てきた。

トラブルが頂点に達したのが、一五一〇年の「三浦《サンポ》の乱」です。事の発端《ほったん》は、釣りに向かう恒居倭人四名を、海賊と誤認した朝鮮役人が斬殺したことにあります。日頃から地方官との折り合いの悪かった恒居倭人は、この事態に憤慨《ふんがい》し、いっせいに武器を持って立ち上がりました。

これに対馬島主宗氏の援兵が加わりましたが、結局、朝鮮軍に蹴散《けち》らされて、ほうほうの体《てい》で全員対馬へ逃げ帰り、事件はあっけなく終わりました。

この一件は、恒居倭人を一掃したかった朝鮮側にとって格好の口実となり、一五一二年、経済的な権益を守りたい宗氏の必死の復旧工作により、通交が回復しますが、開港所は釜山の一カ所のみ、倭館周辺への居住は厳禁。これより倭館は使節の応接のための客館という本来の役割に戻されてしまいます。

倉山　三浦の乱というのは現地住民が暴れているのに宗氏が加担して負けた。日本というよりも、これは「宗氏が勝手にやったこと」ですよね。

シナでも三浦の乱の十三年後に寧波《ニンポー》の乱が起きています。そのときなんて大内《おおうち》と細川《ほそかわ》が向こうでケンカして他国の港をさんざん破壊したあげくに、明の役人に賄賂《わいろ》を渡して黙らせるみたいなことをやっているわけなんです。そう考えると、宗氏は身の丈《たけ》に合わないことをやって大失敗していますよね。

朝鮮出兵のドタバタぶり

倉山　いずれにしても、日本から見たこの頃の対朝鮮外交史は取るに足らないもので、語るべきものと言えば、いきなり十六世紀末の秀吉ですね。

宮脇　対馬だけが、個別にというか、すぐ隣なのでとりあえず物のやりとりをしていた。

倉山　さすがに朝鮮出兵は、日本史から見ても豊臣政権の崩壊につながる事件なので、ここから話を続けます。

『明史』で見ると、何かすごい災難が押し寄せてきたという書き方ですよね。

宮脇　明にとっても朝鮮出兵は思いもかけない事態だったでしょう。もう「北虜南倭《ほくりょなんわ》」（北虜は北方から侵略したモンゴル族、南倭は東南沿海を侵略した倭寇）だけでも大変だったのに。

倉山　その「南倭」の親玉が来たという大事件です。朝鮮を荒らしまわった主役は、加藤清正、小西行長《こにしゆきなが》、宗義智《よしとし》。これはものすごい快進撃でした。

宮脇　途中、どこもまともに戦ってくれないので、すぐに国境の向こうまで行ってしまった。

倉山　平壌《へいじょう》（ピョンヤン）があっという間に陥落します。釜山から一気に平壌ですから、マッカーサーより速い。秀吉軍、本当にウソのような速さで。というか、これは日本が強いこともあるんですけど。朝鮮がもう弱すぎて。

朝鮮出兵の進路図などを見ますと、加藤清正がこう行って、小西行長がこう行ってという。もうバラバラにやっていますね、文禄《ぶんろく》の役（一五九二年）では。

宮脇　だけど、包囲するも何も全然戦闘にもならないわけでしょう。兵隊が来ても、何が起こっているかわからないという。

倉山　朝鮮の人民は最初、「まさか攻めてくるやつはいないだろう、また税金を取り立てるのか」と思っていたら、本当にやってきた。それで日本軍は、上陸してから最後通牒みたいな格好になった。もうでたらめなんですよ。「普通、最後通牒をやるなら上陸する前でしょうが」って、ツッコミを入れたかどうかはわかりませんが。

とにかく力の差がありすぎて、城攻めとかも三時間で攻略しているんですよ。

戦国時代が終わると、あまりにも日本人離れした足利がいなくなって、大陸的な日本人じゃなくてもとの日本人に戻るんです。足利の存在はちょっと異常現象、日本人じゃない人たちでした。

宮脇　それの最後が豊臣秀吉なんでしょう？　だから、足利風の文明を豊臣秀吉が最後に受け継いだことになるんじゃないですか。戦争したんだから。秀吉までは、それの名残《なごり》というか、足利的なものの最後の総決算が朝鮮出兵かもしれませんね。

倉山　内政的には打ち止めしましたが、外に行っちゃったんですね、秀吉は。

宮脇　やっぱりそういう気持ちが日本人の中にも溜まっていた？　それとも秀吉だけだった？　どっちでしょうね。

倉山　秀吉だけですよね。あとは、尼子《あまご》氏の残党から成り上がった亀井台州守茲矩《かめいたいしゅうのかみこれのり》ぐらいですよ。亀井久興《ひさおき》さん（元国土庁長官）のご先祖様です。つまり、亀井亜紀子《あきこ》さん（衆議院議員）のご先祖様です。タイに行った山田長政《やまだながまさ》とかも例外中の例外ですからね。江戸初期ですが。

宮脇　でも、山田長政の時代は、南方に貿易に出るような人たちは結構な人数がいたでしょう。堺《さかい》の呂宋助左衛門《るそんすけざえもん》とか。やっぱり貿易で儲かっているし、沖縄にも出ていったし。

倉山　ときどきいるんですよ。足利義教《よしのり》の首を取った下手人などは赤松満祐《あかまつみつすけ》の介錯《かいしやく》を終わらせたのち、そのまま倭寇になって明に行ってしまうんですよね。そんなやつは日本人の中で超例外なんですよ。やっぱり日本人って列島の外に出たくないという意識がずっとあって。で、大内氏が陶氏《すえ》に滅ぼされてからは勘合《かんごう》貿易が途絶《とだ》えて、ブランクが数十年あるんですね。そこで大陸的なところの気風が途絶えた。いったん途絶えて、秀吉登場。だから、急にまた出てきたので、そのセンスに一般の日本人がついていけないんですよ。内政においても外交においても、秀吉のアンチテーゼは家康ですね。

ちなみに、秀吉がどのくらい朝鮮をナメきっていたかというと、彼が戦国の覇者になったのは間接侵略とプロパガンダが上手《うま》いからなんですよね。いわゆる調略《ちようりやく》というやつです。朝鮮のことをまともに研究した形跡がないんですよ。半島はただの通り道で、「明と天竺《てんじく》を攻めるぞ」みたいな妄想を言っているだけで。本当に国内での勝ちパターンで朝鮮を領土にする気で行っていたら、全然違った戦いになっているはずなんですよね。ただひたすら力押しにしているだけなんですよ。完全にナメきっています。

宮脇 日本人なら、通常は行く先を調査するでしょう。戦争をしたのだから、相手についてもっと豊富な歴史史料が残っていてほしい。せっかく海の外に行ったのだから、そこにはどんな人がいて、どんなことをして、どんなものを食べたかってことを。昔、平安時代に渤海に行った使節だって日記を書いたのに、あんなにいっぱい日本人が行っていて、現地に対する情報と従軍記がないのは、なぜなのか？

普通だったら、あそこで一気に半島に対する情報量が増えてしかるべきでしょう。満洲だって山のようにみんな書いたのに、あんなにたくさんの日本人が出兵しているくせして、ほとんどないですよね？

倉山 いちおう、あるにはあるみたいなんですが……。

宮脇 研究に足るものじゃなくて、あっても加藤清正の虎退治ぐらいでしょう。

倉山 ちょっと日本の内政を見たほうがいいのは、秀吉は明や天竺相手に妄想としか取られないことを言っているのですが、実は世界が戦国時代だから、いろいろな相手に朝貢《ちょうこう》を迫ったりしているんですよね。ポルトガルにスペインにフィリピンに琉球《りゅうきゅう》(沖縄)と。亀井台州守茲矩という人の「台州」って、台湾州のことなんです。船の性能が良ければそちらへ行きたかったらしいのですが、朝鮮出兵に参加した。朝鮮出兵は、感覚的な話だけで始まった、まじめな戦争経営を秀吉の生涯で唯一していない戦争なんですよ。だって本来の秀吉は、基本的には一つの城を落とすのに二年かける人ですから。

それで、徳川とか伊達《だて》とか上杉《うえすぎ》とかは全然やる気がなくて。とにかく徳川なんて朝鮮に渡らないのが大事で、上杉も朝鮮に渡っても戦わないところにしか行かないとか、伊達はパレードをやって満足したから渡らなくてすんだとか、そんな感じなんですよね。

その一方で、室町幕府最後の将軍の足利義昭《よしあき》が「従軍したい」とやってくるんですよ。武将の一人になって喜んでいるという。よくわかりません(笑)。

宮脇 九州にいっぱいいたでしょう、集まって。

倉山 そうそう。もうはっきりと、単なる物見遊山《ものみゆさん》なんです。過去の遺物の足利義昭がやってくるぐらいなので。

渡った加藤清正は本気を出した結果、ずっと北のほうまでいってしまった。ライバルの小西行長はどうやって引くかばっかり考えていて、で、だんだん進軍を維持する補給が怪しくなってくると、両方とも引いて、「〝逆〟大本営発表《だいほんえい》」みたいなことばかりやりはじめます。「敵が強すぎて進撃できません」など言いながら城に籠《こも》って何もしないとか。それで味方が敵に遭遇すると、瞬殺で倒してまた城に籠る。朝鮮のほうは、引きこもりの日本軍よりも、援軍のはずの明軍による掠奪と虐殺に苦しんでいます。もはや、誰が何の目的で戦っているのかわからない。

朝鮮出兵は秀吉の死で終わります。元寇のときもそうですが、結局、お互いに全然負けたと思っていないじゃないですか。それと同じでしょうね。

宮脇　そうですね、向こうはそういうふうに書いたんでしょうね。外交文書というのは下っ端《ぱ》が翻訳するでしょう。変なことを記録すると首が飛ぶので、だいたい自分の仕えたほうに都合がよいように申し上げるんです。両方の記録を突きあわせたら真反対で全然違っているというのが普通です。

倉山　朝鮮出兵に関する朝鮮側のまともな史料って存在しませんか。研究者がいないわけはないと思うんですけどね。

宮脇「日本が悪かった」ばかりで、「じゃあ、自分たちは、いったいどんなだったのか」という、まじめな研究がないんだと思いますよ。

倉山　ですよね。『韓国の歴史』には、こう書かれていますね。

倭乱でわれわれが勝利をおさめることができたのは、わが民族がもっていた潜在的力量がすぐれていたためである。

官軍次元のわが国防能力は日本に劣っていたが、全国民的次元の国防能力は日本を凌《りよう》駕《が》した。わが民族は身分の貴賤や男女老若《ろうにやく》を問わず、文化的な優越感に満たされて自発的な戦闘意識を持っていた。（『韓国の歴史――国定韓国高等学校歴史教科書』）

宮脇　「勝利をおさめた」って言っているわけ？

倉山　はい。〝中華様〟は、「もう災難でした、秀吉が死んだので帰ってくれました」と正直に書いてますけど。

宮脇　今のような韓国人の教科書を読んだら、もう何も言えなくなるのよ。「それじゃあ、その時代から今まで何だったのよ。今の韓国は何なのよ」って言いたくなるでしょ。今だって全国民的次元の国防能力なんてないじゃない。

倉山　言ったもの勝ちですね、たぶん。それで、その当時の朝鮮半島はいったい、どんなだったか、という話ですが、宮廷の中は東人党《とうじんとう》と西人党《せいじん》に分かれています（派閥の領袖が今のソウルの東西に住んでいた）。

宮脇　私が『韓流時代劇と朝鮮史の真実』（扶桑社　二〇一三年）で書いたように、いちおう朝鮮の使節が秀吉に会いに来るわけです。で、正使と副使が、帰国後の報告でまったく真反対のことを言っています。正使は「秀吉に気をつけろ」と、「危ないから用心しないといけない」と言い、副使は「あんなのは大した人じゃないから放っておいても大丈夫だ」と言いました。結果、「大丈夫」と言う副使の意見が完全に採用されました。なぜなら、当時の宮廷ではそちら側の派閥が強かったからと、こういうわけです。もう、ちゃんと調べるも何も、そんなこととは無関係に、強い派閥の言い分が通る。

倉山　で、民衆支配の道具として儒教を使おうとしました。もっとも、「民衆の側」というのはウソだと思うので、知識人階層、科挙に受からないような連中などが、反抗の道具として儒教を使うんです。とにかく派閥闘争と階級抗争が絶えなくて、まったくまとまりがなかった。

もはや国家の体《たい》を成していない

宮脇　高麗が李氏朝鮮になって、何が変わったかということですが、ただ高麗の上に朝鮮が、別の系統の人間が乗っかっただけだと思います。

地方にもともといた実力者と、中央から派遣されてきた官僚が、すごく仲が悪くて、当然権力の取り合いをする。中央から派遣されてきた人の仕事は何かというと、土地の実力者が悪いことをしないか見張るというんですよね。よけいなことをしないか、あるいは権限以上のことをしないか見張る役で、たとえば新羅時代からいたような古参の実力者のことをさんざん悪《あ》しざまに罵《ののし》って、「ああいうのは悪い支配者だ」というような史料ばかりが残っているんです。

まずそこで二重構造というか、二重支配というか、李氏朝鮮になったとき、もともとの高麗の王族・貴族を皆殺しにしたでしょう。ということは財産没収ですよね。で、これを自分たち、後から入ってきた人間が分けたわけです。財産というのは中央にあるわけではないし、貴金属があるわけではないので、それぞれの地方にある領地とか領民ではないですか。

で、それを見に行かなければいけないので、自分たちの一族を派遣するわけです。ところが、もともとの村組織、とくに、かつての新羅に相当する南東地方は同族婚ばかりしています。だから、儒教とか朱子《しゅし》学とは全然無関係です。新羅にはそもそも仏教もあったし、支配者階級は全員が血縁だったそうです。当時は同じ姓の人たちの間で結婚するのも普通で、それが伝統的に高麗になり、朝鮮になっても、そこだけえんえんと続いたというふうに書いてあるわけです。

もともといた者を皆殺しにできないですし、その人たちをどうやって取り込むかということですが、ちゃんとした組織が全国的にできたか、どうやって税金を取ったのかという点については史料がありません。朝鮮って、地方から税金を取るしかないでしょう？　商業税がポケットに入るわけもなく、貧乏だからシナ王朝に朝貢するときは処女と宦官《かんがん》を送り出したんですから。

倉山　今の北朝鮮もやっていましたけどね。

宮脇　高麗と朝鮮の代替わりのとき、何が起こったかというと、あまりにも史料が不十分です。全国的に集まった文献があるわけでもなさそうですし、地方地方の旧家、いちおう支配層の書いた系図やら年表やらを見ても、あとで削除したとか、都合の悪い人を落としたとか、年を書き換えたとか、最初から書き換えたとかで、しかも何十年か抜けていると、「これは秀吉が焼いた」とか……。だから、実態を知るのはむずかしい。

東洋政治思想史の古田博司《ふるたひろし》さんは、「朝鮮には村はなかった」と言うんです。村というのは、日本だと、もともとの土着の人たちがいちおう自治体のようなものをつくり、共同体みたいにして、そこで互いに助け合って、それで税金取りが来たらしょうがないから支払うか、みんなで頑張って追っ払ってというものです。ところが、あちらは一族で逃げるそうです。流民というか、移動していくんですね。ちゃんとした定着村がずっと続いているということが非常に少ないんだそうです。上は取ることしか考えていません。民を養うのではなくて。

倉山　今の北朝鮮と一緒と考えていいんじゃないですか。李氏朝鮮は、今の金一族をとやかく言えないぐらいむちゃくちゃなんですよね。

宮脇　李氏朝鮮の両班《ヤンバン》は、「やってきた人たち」だと思うんですね。新しい支配層。南のほうに地盤がなかったので、それで上から来てだんだんに勢力を張っていき、支配層がケンカして党派争いをしていく。図式としてそうでしょう。

倉山　ちなみに、『文禄・慶長の役』（中野等　吉川弘文館　二〇〇八年）に、当時の朝鮮の国家と社会というのがまとめられていますね。

それによると、朝鮮は属国である。とにかく朝鮮は明の属国である。大事なことは全部明の許可がなければ決められないと。国王の代替わりの承認とかもすべて明がやっています。

宮脇　和寧と朝鮮でどっちを選んでもらうと言って、朝鮮と決めてもらったという話をしましたよね。あのとき、まだ属国と認められていないんです。認められたのはそれから何年も経《た》ってからで。

倉山　属国にすらしてもらえないと？　ここは大事なところですね。

宮脇　明が朝鮮国王を認めるのが一四〇一年です。国号を決めてから八年かかっているんですね。しかも、渋々だったんです。国号は決めてやったけれど、だからといって、ちゃんとした朝貢国とは思っていないということだったんです。

倉山　いちおう宗属《そうぞく》関係（宗主国と属国）という言い方をしていますけれどね。どうなんですか。冊封《さくほう》ということですよね？

宮脇　いちおう、そうでしょう。家来ということですけど。正式に家来として認めてやったのが、朝鮮になっただいぶあと、何年も経ってからです。

多重支配構造でまとまらず

倉山　『文禄・慶長の役』を見ますと、日本で朝鮮出兵に行った連中は、地方の制度に注目したというんですね。

宮脇　それはそうですよ。実際には地方を中心に動いていて、中央にいくら役職があったって、あまり関係ないんですもん。

倉山　日本では時代の変化で、律令制などが定めた職制はもう単なる名誉職になっていて、鎌倉幕府、室町幕府のほうが機能的じゃないですか。李氏朝鮮は、そのお公家《くげ》さん的な、太《だ》政《じょう》大臣と左大臣と右大臣と、仕事の違いは何ですかみたいな世界をずっと実務で中央でやっているんですね。単なる格付けが重要なだけで、中身がないんですよ。

宮脇　そうです。つまり、品位《ひんい》が重要なんです。何品、要するに九品法《きゅうひんほう》の何品の上下とかいうのですね。それで席次の順番が決まるということばかり考えていて、全然仕事としては働いていないんですよね。だから、税金を取ったりするのは全部地方がやります。で、地方に降りていった人たちがもともといた豪族と折衝《せっしょう》しているわけです。しかし中央はその人たちを品位が低いと言って見下す。そして、これを上層両班階級とは認めないということをやっていました。

倉山 当時の日本からすると、朝鮮は控えめに言っても四百年くらい遅れていますね。

宮脇 中央集権がないわけです。

倉山 宮廷の中で儀式をやっているだけなんですよね。この人たちはいつも政治ごっこなんです。

宮脇 シナの真似事をしているんです。実権とかに関係ないからそんなに人間関係の党派争いができるのだろうなと思います。韓流時代劇でも、『イ・サン』とか『トンイ』とか見ましたけど、王様はどういう統治をしていたのか、税金はどうやって上がってきたのかというような具体的な話が何もありませんよね。

倉山 で、日本にないのは、地方に対する監察の機能です。それを朝鮮に渡った武将が「御《お》代官所《だいかんしょ》」政治と言っているらしいんですね。

宮脇 それはそうなんですよ。ちゃんと税金が上がってくるためには監視しに行かないと、みんな途中途中で抜きますからね。自分の子分を、子飼《こが》いの人間を派遣しないと心配でしょうがなくて、その結果、上層の両班の子飼いの人間同士が地方で争っているわけですね。

倉山　時代は下りますが、甲申事変《こうしん》（一八八四年）の頃も、給料がお米で配られていたそうです。現物支給ですが、給料袋に砂とかが入っていた。米だと思ったら砂が混ざっていて、米を途中で抜いたやつがいっぱいいるんです。

宮脇　だから、田代和生《たしろかずい》さん（慶應大学名誉教授　日朝関係史が専門）の『倭館――鎖国時代の日本人町』（文藝春秋　二〇〇二年）にも、日本の商人は、現地の商人も官人も誰も信用できないから、品物はその場で開けないといけないと書いていますね。ルートの途中で何があったかわからない。あとで地団駄《じだんだ》踏んでも遅いから、とにかく取引の交渉の時にその場で開けて、中身を調べてからこちらも代価を払えと。

倉山　清《しん》ですらそうでしたが、朝鮮なんて二重行政、三重行政が当たり前なんですよね。清は言えば結局、総督と巡撫《じゅんぶ》というのを置きますね。

宮脇　満洲人は飾りごとが嫌いだったり、本当のことでなければ嫌だったりするので、地方の拠点にもともとあった町とは別に「満城《まんじょう》」（満洲人の町）を置いて、その地方の監督をしたから、そんなにひどくない。でも、漢人は信用できないから、巡撫と総督を二重に置いたんです。

倉山　ちなみに、朝鮮で貨幣経済を浸透させたのは日本の大蔵省です。

宮脇　だから、韓流時代劇はウソばっかりなの。一般の市場に貨幣なんか存在しないのに、銭泥棒が出てくる。

倉山　朝鮮の行政の話に戻しますが、軍部に至っては五重行政なんですよ。五つに分かれていて、それぞれ何なんだろうみたいな。で、軍閥というわけじゃないんですよね。中野等さんは次のように書いています。

軍事機構は、中央に五衛《ごえい》と総称される五つの軍団を置き、これを五衛都総府《とそうふ》が統括した。また、地方には道を単位として陸軍を統括する兵営と水軍を統括する水営を設置し、その下に複数の鎮《ちん》を配置した。兵営・水営の長官はそれぞれ兵馬節度使《せつどし》・水軍節度使と称された。五衛の兵士は在地氏族層の子弟のなかから試験で選抜されるが、営・鎮の兵士は軍役で徴発《ちょうはつ》された良民層の農民によっていた。（『文禄・慶長の役』）

今読んだ数行だけで突っ込みどころが、山のようにあるんですけど。

宮脇　衛と鎮というのは、明の軍事制度そのままですね。

倉山　これ、一口に説明できない。五重行政としか言いようがない。五重で済むのかな。つまり、中央に五つの軍団があるんですが、軍人そのものが実体がないので、単に名誉職が五つあるという程度なんですね。地方には陸と海に節度使がいて、で、それらが地方で統括していると。現地のやつらから試験と称するもので兵士を採用していて、中央は五分裂だし、地方では陸と海にそんな奴がいるし、地元の奴とどうせ仲がいいわけないし。

日本人から見ると、「え、大名いないんだ？」みたいな。ちゃんとした統治がない。戦国時代って、ちゃんと領国統治しないと戦争もできないわけですから。節度使を置くというのは唐の時代みたいでびっくりしましたけど。これだから、お城に籠もっても三時間で攻略されるくらい弱いわけですよ。

宮脇　日本の武将も、モチベーションが上がらないですよね。

倉山　それから、秀吉の時代の朝鮮は、東人党と西人党に分かれて争っていました。東が文官で、西が武臣ですね。当然、東のほうが強い。科挙は賄賂次第、コネ次第でやりたい放題です。

宮脇　中人《ちゅうじん》（両班と常民《じょうみん》の中間層）がだいたいお付きの人間で、出は悪くても実務派で家の仕事もしているし、両班の代わりになって政府の仕事をしているんですが、両班のバカ息子たちが科挙の試験を受けるときには、それぞれの家の中人たちが「弁当です、坊っちゃん」

と言って弁当を持ってきて、弁当を置くついでに試験の答案を書いて帰る。試験監督も両班の家来ですから何も言わない。

倉山　正使と副使が真逆なことを言っているという話をされましたが、統治の実体がまったくなくて、やっていることは派閥抗争だけというのが朝鮮史です。

けっこういろいろ調べたんですが、あまり深いことは出てきませんでした。正規軍がそんな感じで何の役にも立たないので、えんえんと義兵闘争の話ですか、「庶民がゲリラ戦をやっていました」といった話が向こうでは公式見解です。

義兵の中心は儒学者と農民だったと言うのですが、意味がわからない。でたらめなんですよね。結局、朝鮮の社会ってどんな社会だったんだろう、「でたらめでした」としか出てこないんです。

宮脇　古田博司さんが言っているのが、朝鮮の城はそれまで石垣がまっすぐだったのだけど、日本軍があまりに強いので日本式の城になったと。要するに「忍《しの》び返《がえ》し」になったんですね。それで石垣が改良されている。古田さんが日韓歴史研究でそれを言ったら、今の韓国人は、「朝鮮が日本にいろいろ教えてやったんだ」と怒るだけで、絶対に受け入れない。「すべての文化はこちらから行ったんだ、日本から何か習ったなんてことは絶対にない」と。でも実は、日本が占領した地域が治安がいいから、農民たちが次々に出てきて町ができたというのが実情です。

それで、「宣祖《せんそ》の王子二人を捕《と》らえて加藤清正に引き渡したのは、実は朝鮮の反乱軍のほうだ」という話もあります。

倉山　秀吉もまじめにやれば、本当に朝鮮は絶対取れた。北京どころか寧波ぐらいまで行けたんじゃないかという話ですね。行ったら行ったで、あと不幸でしょうけど。

宮脇　行かなくてよかったと思いますよ。朝鮮に援軍としてやって来た明軍のほうがひどくて掠奪したというのは有名な話ですね。朝鮮の農民たちを殺して首を取って、それを日本人の首だと偽《いつわ》って上層部に報告したという話もあります。でも、そういったものをみんな日本のせいにしている。〝宗主国様〟の悪口は書けないから、起こったことは全部「これは日本がしました」と報告して、明にはペコペコしたんですね。

倉山　すごいですよね。鼻そぎ戦争とか。日韓の小学校の先生たちが集まって書いているんですよ、そういったウソを。人さらい戦争とか、鼻そぎ戦争とか言って。

宮脇　日韓共同歴史教材？　すごいですね。

倉山　おもしろいですね、これ。いろいろとこういうふうに歴史って書くんだって楽しくなります。まあ、基本的に朝鮮は通り道で、朝鮮出兵の実態も〝日明《にちみん》戦争〟であるということですね。当事者じゃないんですよ、朝鮮って。

宮脇　和平交渉も、朝鮮のことなんか何も出てこないですからね。明と日本でやったんですから。

下に見ていた清に屈服する

宮脇　さて、のちの清になる後金のヌルハチとホンタイジの話に入りましょうか。満洲語で書かれた清初の貴重な史料『満文老檔《まんぶんろうとう》』の天命《てんめい》四年（一六一九）三月に、サルフの戦いで明と満洲が戦ったとき、朝鮮は明の属国なので、命令されて軍を送って、明軍と一緒に戦った話が出てきます。

そこに、「ソルホの歩兵はみな紙のオルボを着ている」と書いてあります。「ソルホ」というのは朝鮮のことです。「オルボ」は綿甲《めんこう》、鎧のことですが、朝鮮の紙はえらい分厚かったとありますので、弾よけに使ったのでしょうけど、紙一枚じゃやっぱり薄すぎるから、合わせて綴《と》じてあるんだと思います。当時の明の兵隊は硬《かた》い牛皮の甲、鎧を着ています。

倉山　いちおう朝鮮は明に駆り出されているんですね。軍役ですね、これ。

宮脇　それでも結局負けそうになったら、明の将軍を殺して差し出して、「私たちは降伏します」と言ったっていう。

倉山　あいかわらず最低ですね。

宮脇　それで、「サルフ」の場所はどこかというと、遼東に明の領土が張り出してあった。瀋陽・遼陽という大事な町を中心に柵があったんです。ここから内側は明だと、木の柵のようなものをつくって、女真《じょしん》人に入って来られないようにしていたんです。

その柵のすぐ外側がサルフで、そこを抜いたので、これで一気にヌルハチは遼陽と瀋陽を落とした。明は遼東から撤退。で、すごい少ない人数で明軍に勝ったというので、もうこれで形勢決まりです。

明は、やっぱり自分たちを囲うのが好きだったんですね。万里《ばんり》の長城にせよ、あんなものつくったって絶対に役に立たない、遊牧民を相手に。よくもまあ、あんな人の来ない山の上に、あんなすごい建築物をつくって、ひたすら労力とお金を費《つい》やしたものだよねって、本当にしみじみ思います。

倉山　あれは外に向けての実利よりも、内側の連中への権力の誇示と聞きます。

宮脇「ここから出たら、もう知らんぞ」といったところでしょう。ただ、あそこを羊と馬は越えられないということはわかるけど。羊と馬を連れてあの山を登るかということがまず疑問で、しかもぁんなうねうねと向こうまでね。何を考えていたのかよくわからない。でも、よっぽど、北の遊牧民が怖かったんだと私は思います。実際に怖かったんですよね。モンゴル帝国が取り返しに来ると思っていたというふうにしか見えない。それでも、軍隊は道を通ってくるから、しょっちゅう関門を抜かれては北京を包囲された。遊牧民は万里の長城から来たりしないんですが。

倉山　漢民族、かなりヌケサクなんですよね。

宮脇　よくわかりませんね。それで、遼東と言っても半島だけではありません。遼河の東は全部遼東なので、北の瀋陽・遼陽も遼東なんですね。で、その反対側、遼河の西を遼西《りょうせい》と言うんです。遼西は沼地が多くて、畑に不向き。だから遼西というのはもともとモンゴルの土地で、遼東が農地なんです。それで朝鮮から行った人はみんな遼東に入植して、遼陽・瀋陽を中心に農耕をした。

『満文老檔』って、モンゴル文字を借りて満洲文字をつくった直後に書かれた、すごくおもしろい史料なんですよ。まだ漢訳がない頃に満洲語でしか書いていないの。満洲語というのは日本語と同じように「てにをは」があるし、内容もすごく正直なので、一級史料です。岡田英弘は、二十代でこれを日本語訳注して東大のグループで学士院賞を取った。欧米の研究者もこの日本語訳注を頼りにしているし、現代中国語訳なんて、ほとんど日本語からの訳です。それで、サルフの戦いの記事は、「皆、枝のある竹に槍をつけて」「朝鮮の二万の歩兵はフチャFucaの南の野に砲小銃を幾重にも並べてひたすら発射した」と記されています。明代は、銃って火縄銃ですよね。

倉山　火縄銃です。満洲のほうも火縄銃ですね。

宮脇　どちらも銃を持っていますね。それで、北のモンゴルはロシア銃を買って持っていた。ジュンガルのガルダンは大砲も持っていた。ラクダの背中に濡れたフェルトを置いて、そこに大砲を置いて、それでガーンと撃ってきた。

倉山　ここでの大砲は、炸裂弾《さくれつ》じゃなく「大筒《おおづつ》」ですけどね。

宮脇　火縄銃は鳥槍銃《ちょうそう》とも呼びますが、ロシア製の銃がその頃一番性能がよかったらしくて、モンゴルは北から輸入して、それで満洲軍と戦った。

そういったこともあり、サルフの戦いは、「満洲の関ヶ原《せきがはら》の戦い」と言われています。

さて、ヌルハチが死んでホンタイジが即位（太宗）するとすぐ、朝鮮に対して、明から寝返って、こっちにつけと、一六二七年、後金が朝鮮に侵攻しました。これを朝鮮では「丁卯《ていぼう》胡乱《こらん》」と言うんです。朝鮮人は北の狩猟民を野蛮人と見下して「胡」と呼んでいたから。そして、両者が兄弟関係を結ぶことで講和した。兄と弟。宗属じゃなくてね。

倉山　兄弟の仁義、盃《さかずき》ですか。

宮脇　朝鮮が弟です。当然、軍事力の違いで。後金は明を倒したんです。やられたほうの属国だったんですから。

倉山　明は弱いと見て見捨てたわけですね。のちの閔妃《びんひ》と同じことです。その頃から体質は全然変わりませんね。

宮脇　李氏朝鮮の王は、はいと言ったけれども、朝鮮の儒者たちは嫌だって言ったんですよ。あんな野蛮人、それまでは見下していた女真人なんかに降《くだ》れるものかという意見が大きくて、国内が割れます。それでも軍事力に圧倒的差があるので、いちおう和約は結んで兄弟関係になったけれども、渋々というか、積極的ではありませんでした。

そして一六三六年、いよいよホンタイジが皇帝となり、大清《たいしん》という国号を定めたとき、朝鮮に「こちらはもう本当の皇帝になったんだから、明を捨てて臣属しろ、朝貢して来い」と言ったら、朝鮮はうんと言わなかった。拒否したのです。激怒したホンタイジは、ただちに朝鮮へ攻め込みます。これが「丙子胡乱《へいしこらん》」です。

清の圧倒的な兵力の前に各地で敗北を重ねた朝鮮軍は、四十日で降伏。しかも、清軍があまりにも早く今のソウルに至ったので、朝鮮王の仁祖《じんそ》（第十六代）は地方に逃げるひまもなく、王宮からソウルの郊外の南漢山城《なんかんざん》というほんの小高い丘に逃げ込んで、包囲されてしまいます。それで完全に降ったんです。で、このとき清の太宗皇帝に跪《ひざまず》かされて、「三田渡《さんでんと》」という場所で「三跪九叩頭《さんききゅうこうとう》」（三回跪き、そのつど三回ずつ頭を地面に付ける）させられた。

それで、私、せっかくだから、『満文老檔』にそのときのことがないかと思って探したら、その直前で終わっているんです。崇徳《すうとく》元年十二月で終わっていて、『満文老檔』にはこの記事がない。それでも最後の三十日に「朝鮮王のいた王京城に入って敵の兵士を殺し、家畜・財貨を収め取るために、留めておいた旗の主（グサイ・エジェン＝満洲人将軍）たちは衆兵を率いてはしごをかけて城に登ると、城の上に立っていた敵兵は抵抗せず四散したので、財貨・家畜を収め取った」。つまり、王様が逃げたあとの城に入った記事です。それで、「同じ三十日、降ったワルカ Warka の人たちが衆を率いて聖皇帝（ホンタイジ）に三度跪いて九度叩頭した」。『満文老檔』はこれで終わり。その次の年に朝鮮王の三跪九叩頭があるのですが、満洲語の記録はなくて、ここからあとは『清実録《しんじつろく》』になってしまうんです。残念でした。あったらよかったんですけどね、跪く話が具体的に。

でも、朝鮮王は間違いなく清朝皇帝に対して跪いて、それを記念して「三田渡碑」という石碑を清朝が一六三九年に建てさせました。正式名称は「大清皇帝功徳《くどく》碑」と言います。嫌がらせもいいところですよね。「朝鮮王は大清皇帝のありがたい徳によって救われました」と宣言させられるのですから。清の太宗皇帝ホンタイジは、自身の「徳」と仁祖の「過ち」、そして両者の盟約を示す碑文を、清朝の公用語の満洲語、モンゴル語、漢語の三カ国語で刻ませ、建立させたんです。

その後、日清《にっしん》戦争で日本が勝利し、一八九五年の下関《しものせき》条約で、清の冊封体制より李氏朝鮮が離脱したのを機に、〝屈辱碑〟とされていた同碑は、大清皇帝を迎えるための迎恩門《げいおん》と同時期に倒され、地中に埋められます。「もう清朝なんかいらん」と言って埋めちゃったんです。すごいですね。

この石碑、日韓併合後に掘り出され、戦後は再び埋められます。おもしろいですね。一九五七年、国の史跡に指定されますが、一九六三年、洪水で流されてしまい、復元されて、朝鮮の屈辱の象徴として、現在も残っています。

大清皇帝功徳碑の脇に付けられていた銅版レリーフ。朝鮮王仁祖（手前）が三田渡でホンタイジ（右奥に座っている人物）を迎え、三跪九叩頭の礼で服従を誓った

朝鮮王が清朝からの使者を迎えた迎恩門。朝鮮が清朝から独立し、大韓帝国が成立すると、迎恩門は倒され、同じ場所に独立門（181ページ）が建てられた。この写真で特筆すべきは、周辺の風景である。草葺きの民家が並び、道はまったく舗装されておらず、都心近くのものとは思えない

倉山　二〇〇七年には韓国人によって落書きされ、また修復したようですね。

宮脇　そして二〇〇八年、ロッテワールドのビルの裏手へ移設されます。私、その前に見に行ったんですよ。当時は誰に聞いても知らない。タクシーの運転手も知らないような、すごく小さな公園の中に立っていました。

朝鮮を軽んじる徳川政権

倉山　明清戦争のとき、どちらかといえば、日本は明に肩入れするかなと思われましたが、何もしていません。

宮脇　何もしていませんね。しかし、この頃、船乗りたちが流されて、漂流民が北京に行ったりしているのね。そういう事件はありますが、別に大陸のあんな向こうでやっていることだから、関係ないという感覚でしょう。

倉山　慶長《けいちょう》の役（一五九七〜九八年）の時に秀吉が死んだので、日本の都合で朝鮮から引き上げます。その後、徳川政権になって、李氏朝鮮が「謝罪と賠償を要求する」とか言ってきます。それを日本が無視する。そんな交渉をしているうちは侵略されないだろうと朝鮮は安心していたんですって。

宮脇　家康は、修復というか、事は起こさない。とりあえず穏やかに行くと決めたので。

倉山　ひたすら内向きの人ですからね。単に外国と貿易はするけれども。いずれにしても、徳川初期は、朝鮮の優先順位ははっきり言って低いです。

宮脇　本当の下の下の順位です。だから、江戸幕府にとって、朝鮮は対馬藩に任せておけばいいというレベルでしょう。

対馬藩自体、石高は低いのですが、徳川幕府は、けっこう大事に扱うんですね。やはり独特な場所だということです。江戸から見れば、対馬自体が対外交渉の出先機関のような、領事館の扱いでしょうか。

倉山　外国の領事館扱いはさすがに……。当然、徳川としても、対馬は日本人という意識はあるようです。

それはさておき、片っ端からウソをつきまくって朝鮮との仲介をしているのが対馬の宗氏です。対馬というのは山岳地帯で米が取れないので、朝鮮と貿易をやらないと自分たちが食えません。だから、日朝双方へ偽書を乱発しています。豊臣時代以来やっていることですける。実際に陶工やいろいろな朝鮮人が日本に来ていますね。彼らを返せと、李氏朝鮮が言ってくるんです。本当は居座ってしまった人がほとんどのはずですが。

宮脇　朝鮮からやってきた回答兼刷還使《かいとうけんさつかんし》ですね。江戸時代に、「秀吉が連れていった朝鮮人を返せ」と言いに来た刷還使の要請で計六回、三千六百人が朝鮮に帰りました。そもそも何人が日本に連れて来られたかはわかりません。一万人とか、二万人とか言われていますが、そんなのわからないですよね。ちなみに、モンゴルが朝鮮半島から連れて行ったのは六十万人です。

倉山　そっちはいいのか！

宮脇　ねえ（笑）。

倉山　徳川時代の日本は朝鮮を国と数えていません。朝鮮は対馬にまず来て、都のほうに向かうので、長崎には来ていないのです。朝鮮としては、通信使を将軍の代替わりごとに送るという話になっていますが、そこで新井白石《あらいはくせき》（一六五七〜一七二五年）が、いきなり接待を簡素化してしまいます。

新井白石は、歴史教科書では偉人のように讃《たた》えられていますけれども、経済史では今やボロクソの評価になっています。はっきり言って、緊縮財政をやった、無能な、経済に道徳を持ち込むおバカさんで終了です。ただし、アリストテレスをはじめとして、アダム・スミス以前の人は全世界で、倹約が経済政策だと思っている人たちが多いので、それはしかたがないことではありません。新井白石は、倹約の一環として朝鮮通信使の接待をいきなり一方的に簡素化しました。ところが、朝鮮のほうも言われるがままなんです。

このときに大変重要なのは、それまで徳川将軍は「日本国大君《たいくん》」とか、「日本国源家康」と称していたのに、新井白石が「国王」にしてしまった。将軍自ら「国王」と名乗る。義満みたいに冊封もされてないのに、勝手に名乗ってしまう。

吉田松陰《よしだしょういん》がこの「国王」の呼称について、新井白石を批判しています。新井白石の評価は当時から両方あり、隠れ忠臣という人と、相手にカン違いされただけだという人がいます。隠れ忠臣論の人は、「将軍が朝鮮国王と対等の国王である。だから、上の天皇はもっと偉い」と言います。天皇を中華皇帝と同格だということにしたかったらしいんですね。大義名分論で、閑院宮《かんいんのみや》家をつくって皇統断絶を防いだという功績があるという。

ところが、朝鮮もシナも、日本の一番偉い人は徳川将軍だとカン違いしてしまった。次の吉宗《よしむね》の代から「祖法、ご先祖様以来の法なので、日本国王じゃなくて日本国大君です。新井白石はなかったことにしましょう」と、もとに戻しています。徳川八代将軍は新井白石のやったことを全部否定するのです。

それはさておき、新井白石の朝鮮軽視は、すごいですよ。まず将軍の称号を国王とする。もてなしの宴は五カ所に限定。それから、通信使の宿泊している館への訪問の使者は、老中から格下の儀式担当の大名にする。江戸城での三使のもてなしの宴には御三家は出席しないなど、大幅な改革です。ほとんど宣戦布告ですよ。これを同じ時代のヨーロッパでやったら大変です。こういうことで戦争にならないよう、彼らはウェストファリア会議（一六四八年）を開いたんですから。朝鮮がこれで怒らないというのがまったくわからないですけど。

一国の使者として認める認めないということではなく、完全に緊縮財政の必要上、「じゃあ、経費を削れるところ、一番抵抗少ないのはどこだ」「朝鮮だ」ということなんです。国内で何かやったら抵抗が大きいけれど、朝鮮相手の接待なんか切っても大丈夫だと。儒教的世界観ですよね。そもそも格下のほうが挨拶に来て、格上のほうがお金をかけて接待するという関係ですが、朝鮮相手の予算を削れば抵抗なく行財政改革ができるところなので、そうしようと。まったく、ひどい扱いですね。

普通は外交問題になりますが、彼らはキレるツボが違うんですよ。おかしいんです。実を捨てて花を取る人たちなので。

宮脇　そうですね。お金の問題とか、そういうことは問題にしませんね。まあ、国際感覚のない人たちですね。

倉山　はい。ついでに言うと、十一代将軍家斉《いえなり》の時の松平定信《まつだいらさだのぶ》は、日本が窮乏《きゅうぼう》しているのを見せたくないので、対馬で留め置いたとか。今度は、九州に上陸させないんです。結局、松平定信も新井白石と同じ緊縮財政論者なので。

ちなみに江戸時代は三大改革が緊縮財政で、合間に積極財政やっているという時代ですね。綱吉《つなよし》「積極」、新井白石「緊縮」、吉宗の初期は「緊縮」ですが、後期「積極」。田沼意次《たぬまおきつぐ》がそれを継いで「積極」、で、松平定信が「緊縮」。家斉の大御所時代が「積極」、天保《てんぽう》の水野忠邦《みずのただくに》が「緊縮」。いちおう交互にくり返しているんですよね。

そして、緊縮財政のときに、朝鮮から、つまり一番抵抗力のないところから削る。で、最後、朝鮮通信使を家斉のときに廃止してしまう。十二代将軍になると、もうこっちは幕末ですよ。とても朝鮮なんか相手にしている場合じゃないと。江戸時代はひどい扱いですね。それなのに怒らない。

宮脇　名分で騒ぐのね。じゃあ、やっぱり今でもそうなんですね。実利と名分との問題というのを引きずっている。

倉山　実際に朝鮮も、「あ、そんなもんか」みたいにホケーッとしているんです。ところが、明治初年の正式な国書で「勅」の字を使うと騒ぐ。

明治維新が起こり、朝鮮に対して新政府発足を通告した外交文書の受け取りを朝鮮が拒否します。その理由が、中華皇帝しか使用のゆるされない「皇」や「勅」を使っているというものでした。日本がそんな大それた文字を使うことは無礼だと。

かかわったのが間違いと言いたくなりますが、明治初年にはかかわらざるを得ませんでした。

自分のことしか考えない支配層

倉山　清との関係では、ホンタイジに三跪九叩頭をさせられて以降、変化はなかったのでしょうか。

宮脇　すでにただの属国ですから、ただ、ひたすら決められた年に使節を派遣します。そのほかにも、皇帝の代替わりのお祝いなど、決まりごとに則《のっと》って使節を派遣し、向こうから決まった額のものをもらって帰っていく。ずっとそういうつきあいを続けていました。

朝鮮国内はどうなっているかというと、党派争いをずっと続けています。その党派争いというのは、『論語』などの文章を使って相手をとっちめるのです。派閥同士が利権を争うわけですが、その利権があまりにも小さい。どんどん儲かっていればみんなで山分けできるけど、パイが小さいわけだから、相手が全部いなくならないと、自分たちが生きていけないわけです。生存がかかっているので、反対派が全部いなくなるように、党派同士が、要するに難癖《なんくせ》をつけて言葉で争うんです。

言葉で勝った場合、逆賊だということにして相手側を全滅させます。「九族殲滅《きゅうぞくせんめつ》」（本人と父四代、子四代の血縁を皆殺し）です。なぜなら、残しておくとまたやられる。敵討《かたきうち》が怖いから。一時、その派閥が西と東に分かれて……。

倉山　東人党と西人党ですね。

宮脇　ええ。そしてまた、それぞれが分裂して、どんどん細分化する。やはりパイの争いなんですね。派閥が大きくなると、またそこが分裂して争うということで、敵対者殲滅をくり返しているわけです。王の代替わりごとに。

倉山　資源がなくて、第一次産業のみ。それも不十分です。

宮脇　そうです。それに、儲ける手立てがないのです。江戸時代の日本は、それこそ会社経営と同じく、基本的に藩が自由裁量で経営をしました。だから、干拓をする、新しい産業を興す、商品経済を広める。鉱山資源を掘り、藍《あい》などの換金作物をとにかくつくらせますよね。そして、それらを国内に流通させる。

朝鮮の場合は、中央の両班貴族が自分の子分を地方に派遣して、「税金を取ってこい」と言うだけなので、それぞれの地方に権威のある赴任者がいないわけです。国土も小さいですし。

倉山　あまりにもくだらないので自分の本（『嘘だらけの日韓近現代史』扶桑社　二〇一三年）にも書かなかったんですけど、朝鮮に英祖《えいそ》（第二十一代国王）っていますね。これが、日本では江戸時代あたりの後期李氏朝鮮の名君と言われています。しかし、この時代の派閥抗争が比較的マシだったという、ただそれだけなんです。

宮脇　英祖は息子を米櫃《こめびつ》に閉じ込めて餓死させた人ですよ。

倉山　宮脇先生の『韓流時代劇と朝鮮史の真実』（扶桑社　二〇一四年）で読みました。結局、英祖の何がどう名君なのかさっぱりわからないので、教えてほしいんですが……。

宮脇　英祖は、二つの派閥があまりに争うので、両方から人を採用したというだけです。バランスを取ろうとしましたが、その代わり、讒言が渦巻きます。後妻が企《たくら》んだらしいのですが、息子が相手側の派閥について自分を追い落とそうとしていると讒言されて、自分の派閥がやられると困るので、息子を米櫃に入れて水も食料も与えずに十何日監禁して、餓死させたんです。

その米櫃に閉じ込められた人の息子がイ・サンです。英祖はその孫を後継ぎにしますが、イ・サンからすると父親を殺した奴が力を振るっているので、いつ自分もやられるかわかりません。常に暗殺の危機にさらされていた。それを物語にしたのが、あの長い長いテレビ時代劇『イ・サン』でした。

倉山　ウィキペディアの「正祖」の項目を見ますとね、イ・サンの時代、李氏朝鮮で文化が花開いたと、もっともらしく書いてありますね。

宮脇　『イ・サン』は本当に恋愛ドラマだったし、それから、市場がいっぱいあって、モノがいっぱい並んでいて、「銭《ぜに》泥棒が」なんてセリフがあって。「当時の朝鮮に銭なんか流通していなかったはずだしな」とか、「市場って言ったって、屋根のある商店はないはずだしな」とかツッコミを入れながら見ていましたから。とても文化が花開いたとは思えません。

市場は、日本でいう十日市とか四日市みたいなもので、それこそみんなが持ち寄って地面に広げて、お金がないから物々交換です。持ってきて、売って、それでまた買う。ちゃんとした貨幣経済でなくても、やっていけるんです。

倉山 そんなことで、そのイ・サンと英祖が名君と呼ばれるんですけど、何がどう名君なのかさっぱりわかりません。

宮脇 イ・サンは、両班と常民の間の中間層である中人を登用したんです。両班階級だけでは実力が足りないから、妾《めかけ》の子でも優秀な人を集めて、それで学問の府をつくります。それから川を渡るのに舟の橋をつくったとか、そういうようなことですよ。

倉山 美辞麗句はいっぱい並べてありますが、実体がない。ひたすら殺し合いですものね、李氏朝鮮は。

宮脇 当時のGDPを考えると、清朝のシナが世界の三分の一を占めていたという推計があります。その数字に朝鮮は含まれていません。

なぜ、その当時の清朝にそんなにお金があったかというと、基本的に土地が広いし、開拓地がいっぱいあったからです。広い土地で物が流通するということは、それだけで儲かる。こちらのものがあちらへ行き、あちらのものがこちらへ行くということは、付加価値が出ます。さらに、ロシアがシベリアまで来て、国際貿易、中継貿易を行なっていました。

貧しい土地でもつくれる作物が新大陸からいっぱい入って来たこともあり、清朝も爆発的に人口が増えます。しかし、十八世紀ぐらいになったら、さすがにもう耕す場所がない。そこで、多くの華僑《かきょう》が東南アジアに出ていくわけですね。東南アジアはまだひらけてなくて、土地もある。しかも外国、ヨーロッパが鉱山開発やプランテーションをやっていて、働く場所があるわけです。そういう刺激と人口移動でGDPが増えたということです。

そんななか、朝鮮は引きこもっている。今の北朝鮮と同じですね。清朝時代ですら、ちっともGDPは上がらない。

倉山　流通がないんです。清朝の経済的影響は、鴨緑江で止まっているんですね。

宮脇　要するに鎖国。清朝に対してだけ属国で、よそとの交流がありません。だから朝鮮通信使が日本に持ってきたものだって、朝鮮で取れたものしかありません。

倉山　ちなみに、サツマイモを日本から逆輸入したそうです。貧困対策になるって。流通経路がむちゃくちゃじゃないですか。

宮脇　対馬で食べたサツマイモに感動して、根を持って帰ったんですね。唐辛子だって日本から行ったんだし。

倉山　清朝の豊かなものが朝鮮に流れないというのは、冷静に考えたら、朝鮮は陸では満洲としか接していないからですね。

宮脇　でも、船だってありますし、明代には、朝鮮は渤海湾を行き来して商売していたんですよ。別に満洲なんか通らなくても、いきなり渤海湾に面した山海関《さんかいかん》(万里の長城の最東端)に向かってもいいでしょう。

倉山　清国としては、別に朝鮮を通さなくていいと考えていたのでしょうか。朝鮮に物流は必要ないと……。

宮脇　朝鮮を豊かにする義務はないですもの。

倉山　義務はないですし、やる気もないわけですね。

宮脇　私は、朝鮮のほうが交流しないことを選んだのだと思います。

倉山　朝鮮は〝引きこもり国家〟なんですよね。

宮脇　商人もいませんからね。朝貢するときだけ使節に商人がチョコチョコッとついて行って、両班のためのぜいたく品だけを買って帰るんです。北京で絵画とか、紙とか、立派なもの、とにかく王様とお付きの者に喜ばれるものだけを仕入れるのです。下々の者のためのものをどっさり輸入しようなんていう考えはこれっぽっちもないわけです。

倉山　中南米の途上国の独裁者と一緒ですね。ホワイトハウスに経済支援を求めに来ながら、大統領の奥さんがすごい額の買い物をして帰るのと同じ。

宮脇　それで、持っていくおみやげがないから処女と宦官になる男の子、つまり人間を連れて行って金に換える。奴隷として売るのです。

倉山　どうしようもない人たちですね。

ファンタジー世界の住人

倉山　まとめに入りますと、日本は朝鮮を一国に数えていませんでした。単なる一地方だからこそ、明治になって国家として独立させようと扱うのです。

宮脇　一国に数えていない証拠に、学術的な視点で見れば、朝鮮史は東洋史の一部か日本史の一部なのです。日本人にとっての東洋史はシナ史だし、日本から見て、東洋史だったものが日本史になっただけの話ですから、朝鮮を独立した一国とみなして通史とする意識が薄かった。

倉山　朝鮮は地域。「シアター＝舞台」というやつです。

宮脇　ほんとうにそうですよ。そんなこと言ったら、満洲やモンゴルも「シアター」扱いです。どこかに属しているということで、一国史という考えは薄い。清の一部になったときに、モンゴルもすでに独立を失っています。でも、朝鮮は現在まで、ずっと「シアター」ではありませんか。

倉山　そうです。一度として「アクター＝主体」になっていません。

宮脇　ところが、一九四五年から「アクター」になろうとして、歴史を書き始めた。だから、今、いびつなナショナリズムを生んでいる。

倉山　独立は、一九四八年の大韓民国の建国からじゃないでしょうか。一九四五年には、まだ独立していません。その「一九四五年」という意識を誰が植え付けたかというと、アメリカとソ連が植え付けている。日本から独立しただろうという意味で。

宮脇　一九四五年に、意識として「独立」した。でも、今だって独立していませんよね。
　それで古田博司さんに言わせたら、朝鮮半島、とくに韓国は「島化」したってことになるんですよね。それまでは大陸とつながった半島だったところが、北朝鮮が間にできたので、シナ王朝の属国だったという事実をみんな忘れた。昔から自分たちはこうやって、海に囲まれた日本と同じように、自分たちだけでやってきたような錯覚の中にいて、それがどんどんひどくなって、ファンタジーがファンタジーを生んでいるという言い方をしていますね。

倉山　朴正熙《ぼくせいき》（パク・チョンヒ）・全斗煥《ぜんとかん》（チョン・ドゥファン）の時は、経済的にもなんだかんだとすごくよかったですから。とくに朴正熙のときは、所得二十倍ですから。

宮脇　古田さんは、一九五〇年代の韓国の世界史の教科書では「朝鮮は中国の半属国」とはっきり書いてあるのに、一九七〇年代から日本の教育を受けた人たちが力を失い、若い民族派の学者たちが台頭したと言っています。だから本当は、自分たちだけで何かしたことなんか一度もなかったのに、北朝鮮があるおかげで大陸と無関係になったことで、もともと自分たちは中国とは何の関係もなかった、自立的発展を遂《と》げてきたんだという歴史の改竄を重ねているのです。この歴史観に則らないかぎり国内では出世できないから、韓国の歴史がどんどんファンタジーになっていくのです。

倉山　いちおう、形式的には一九四八年に主権国家となりました。

宮脇　けれども、憲法でも正確なことを言っていません。今の北朝鮮は韓国の領土だと韓国は言っているし、韓国の領土は北朝鮮だと北朝鮮は言っている。お互いに相手のものも自分の領土だという法律で動いているわけですよね。

倉山　儒教的ですね。実態は関係ない。中国の議会である全人代《ぜんじんだい》に、ずっと台湾代表もいるようなものですね。在外華僑代表とか称して。

宮脇　そう、実態を直視していないんです。

まあ、台湾の中華民国だって、しばらくは小学校で使う地図に、中華人民共和国プラスモンゴルまで、全部入っていました。全部同じ色を塗って、中華民国と書いてあった。

倉山　辛亥《しんがい》革命後の溥儀《ふぎ》なんて、皇帝にはもう紫禁城《しきんじょう》しか残っていなかったのに、城外まで全部押さえているというフィクションの世界に生きていますね。

宮脇　そうです。フィクションの世界です。言ったもの勝ちです。言うのは自由です。それが現実と合うか合わないかというのは、言うほうは気にしない。今でもそれをやっているわけで、だからこそ、国際関係が始まると整合性がないわけです。国際関係との整合性ということが、彼らの文化の中になかったので、いまだにそれを上手く処理できないでいると考えたほうがいい。

倉山　結局、アクターとして国際政治に出てきたことがないですからね。これは非常に大事なことです。朝鮮戦争ですら、そうではない。国際政治の正面に出ていない。

3章　世界の動向を読めない李氏朝鮮（一八六八～一九一〇年）

対等に扱うな

倉山　江戸時代の朝鮮への扱いはぞんざいでした。前にも言いましたが、新井白石などは、「今日からお前たちへの接待は簡素化する」などと一方的に通達して実行したりします。そもそも、最近まで私たちの教科書には「日本は鎖国していた時代、清とオランダとだけ交易していました」などと平気で書いていました。朝鮮を一国として数えていません。最近では「オランダ、清、朝鮮、琉球、アイヌ」と並べていますが。

しかし、維新の直後に明治新政府が挨拶に行ったら、とたんに関係が険悪化します。新井白石がひどいことをしても大して怒らなかったくせに、正式な国家元首の使者が挨拶に行ったら、「皇の字、勅の字を使うとは何事か」と言って怒っています。明治六年（一八七三）まで何回も日本から使者が行って「対等な交渉を結ぼうよ」と言ったら、いずれもひどい対応をされたので、すべての使者が即時征韓論者になって帰ってきたほどです。

宮脇　明治六年の有名な征韓論の前に、「日清修好条規《にっしんしゅうこうじょうき》」の話をしなければなりません。明治四年（一八七一）に、日本が七世紀末に建国してこのかた、日本天皇とシナ大陸の政権との間での初めての正式な条約である、日清修好条規が結ばれます。同年、台湾に漂着した宮古島《みやこじま》の島民が生蕃《せいばん》（同化しない原住民）に殺されるという事件で、琉球の話になりますね。

倉山　日本が模範的な国民国家だという意義を強調することは、日本の歴史学界のタブーになっていますが、このとき日本は国民国家としてふるまい、「琉球はうちの国で、うちの国の人間が台湾で殺されたので、お前責任を持て」と言ったら、清国が「台湾は化外《けがい》（中華文明の外側）の地である」と言ってごまかすんです。「じゃあこっちで勝手に成敗するよ」という有名な副島種臣《そえじまたねおみ》の言質《げんち》を大久保利通《おおくぼとしみち》が使っています。

ところが、戦後になって日本の歴史学者は、「いや、清国が化外と言ったのは、人殺しをするような原住民が化外なのであって、台湾に統治権を及ぼさないという意味ではない」と、向こうの肩を持つようなことを言うんです。

宮脇　今の日本人はなぜか外国の肩ばかり持ちますよね。でも、日本の明治維新のあとの国際的なふるまいは本当に早かったですね。よほど幕末から知識を持っていて、外国の情勢や国際条約を理解した上で、それを布石にして、しっかり対応しているところがすごいと思います。

倉山　日本の対応は非常に上手かったです。私は『歴史問題は解決しない』（ＰＨＰ研究所二〇一四年）で、日本は国民国家体系を上手く取り入れたけれど、清国は中華帝国の論理だけだったと書きました。しょせん彼らの言う「華夷《かい》（中華と蛮夷）秩序」というのは、単に威張っているだけで、ローマの万民法のような責任観念すらないんですよね。支配を及ぼすかぎり、ローマ皇帝は責任を持っているんですが。華夷秩序なんて、単なるプロトコル（外交儀礼）です。法ではない。

宮脇　支配者が責任を持つからこそ、ローマ法の思想が現在までちゃんと生きているんですから。プロトコルと法とをごっちゃにするのが中国と北朝鮮・韓国ですね。

倉山　そうした日清交渉の中で、明治六年に征韓論が起きます。明治初年から国家元首が挨拶に行って、ほかのすべての国は将軍ではなく天皇が出てこいと言っているのに、朝鮮だけが、天皇陛下の勅書を送ったら、「勅」の字に文句をつけるんです。プロトコルが通じない。そういう意味でウェストファリア体制以前の世界の人たちです。

宮脇　だって、今でも「日王」「倭王」って言うでしょう。韓国政府はすでに自重していますが、韓国マスコミは「天皇」とは決して言わないですからね。ひどいですよ。日本はもっと怒らなければいけない。本当に失礼な人たちだって。マナーがありません。でも、そういうこともわかっていないんですよね。

倉山　よけいに許せない話です。日本が甘やかすから増長するわけで。

宮脇　だから、誰かが言っていたけれども、そういうことをしたら痛い目に遭《あ》うということをわからせる必要がある。昔、日韓併合時代に書かれた、朝鮮人とどう付き合えばいいかという心得に「朝鮮人に対してはひっぱたけ」とあります。「はっきりわからせるためには対等に扱うな」って書いてあるんです。

あの人たちの人間関係には上か下かしかないので、対等に扱ったとたんに下に見られる。だから、「いつでも見下しておけ」というのがあったんです。こういうのは、嫌ですけどね。

倉山　これは本当に切実な問題で、二〇一三年にお亡くなりになった佐藤勝巳《さとうかつみ》さん（「救う会」初代会長）が拉致問題でそれを言っておられました。「対等の交渉なんて存在すると思うな」。上下関係しかないので、対等に付きあおうと言った瞬間、下に見られる。それがあの人たちだと。

宮脇　そこはまだ中国人のほうがマシなんですよ。中国人は、日本人が本当のことを言わず、口できれい事を言いながら、足元を蹴っ飛ばすということぐらいはわかっているんです。でも、朝鮮人はそれすらわからない。日本が本当は強くて、柔らかく出ているだけだということもわからないんです。

中国社会のほうがもっと厳しくて、中国人は自分の実力で生きている人たちなので、謙遜《けんそん》は謙遜として理解する。たとえば、日本人は「明日の試験どうしよう、ああ、私なんにも勉強してないからどうせだめよ」と言っておいて、最高点を取る優等生のようなやつらだということを、中国人は知っている。だから、言葉に騙されないで、相手の実力を見て、得になるように動くんです。

でも朝鮮人は、自分の頭で考えないから、言われたら言われたことから出発するんです。どんなに間違っていようが、「そう言ったじゃないか」でおしまいなんです。だから、そういう人を相手にするには、言葉もわからない人間に対するように、小さな子供と接するようにするしかないというのが、戦前の日本の朝鮮人に対しての心得だったんですよ。

倉山　でも、それが本当に徹底していましたか。現場では徹底していないから、そういう心得のようなものが流通しているんでしょう。これは植民地統治として失敗だったという意味ですけど。

宮脇　そうでしょうね。いつでも心得をくり返し言わないと、日本人はすぐ忘れて、つい自分たちと同等に扱うから。

地政学から外交を考えた日本

倉山　明治六年（一八七三）の政変では、日本国内の政府が割れて、半分がいなくなってしまいました。残った大久保利通と岩倉具視《いわくらともみ》の間でも当然対立がありました。

国内政治の感情論の話はともかくとして、対朝政策に関しては、大久保・岩倉と、西郷隆盛《さいごうたかもり》・板垣退助《いたがきたいすけ》・江藤新平《えとうしんぺい》の違いは、実はいつ攻めこむかだけなんです。攻めるか攻めないかの話ではなく、時期と方法論だけです。もう朝鮮半島には当事者能力がなく、清のものだったり、さらにロシアが来たり、実際にイギリスものちに巨文島《きよぶんとう》を占領したりしている。大国に取られたら大変だからここを何とか安定化させなければというのは、もう明治どころか幕末から全員一致している話です。明治六年の段階で今すぐ征韓論を持ち出すのか、時期尚早《しょうそう》かの違いです。そのすぐあとに江華島事件をやったじゃないかとかいう批判自体がナンセンスです。日本にとって朝鮮は、土地として絶対に安定化させなければいけませんでした。

宮脇　今だって結局同じですね。領土としての魅力はないけれど、場所が日本にとって地政学的な不安定要因というやっかいな土地です。

倉山　朝鮮半島は三十九度線で割るというのが海洋勢力と大陸勢力の双方にとって合理的なんです。三十八度線でマッカーサーが割ってしまったので、たった十分でソウルが陥落する、朝鮮戦争でも三日しか持たなかったというバカな話になってしまいましたが、三十九度線にしておけば双方が納得する。今の三十八度線は、大陸勢力にとって有利な状況です。ところが、明治の初めは三十八度線などという区切りがなく、半島全部が李氏朝鮮ですから、もう対馬の向こうにいつ敵が来るかという、その恐怖感ですね。明治政府は、朝鮮戦争が明日起こるというのと同じような危機感を持っていました。列強も、朝鮮に関しては利権を求めたわけではなく、地政学的な要因として見ただけです。

日本の幕末維新にあたる時期のヨーロッパは、実は大変動期です。この時代のヨーロッパを仕切っていたのはイギリスのパーマストンでしたが、彼が死んで、ドイツ帝国が出てきて、ビスマルクが新秩序をつくっている最中です。ロシアも大改革を始めたし、イギリスも二大政党が始まる時期で、フランスはナポレオン三世の帝政が転《こ》けて第三共和政になり、ハプスブルク帝国は多民族帝国の道を選び、ヨーロッパ列強が一時的にアジアに目が行かなくなった。だから日本は、清やロシアとちょうどこの時期に対等条約を結んでいます。日清交渉というのは、ちょうど瞬間的に、ヨーロッパ政治にすべての大国が地元にかかりきりで、こっちに来られない時期でした。

宮脇　おかげで日本と清朝はとりあえず対等な条約を結べたということですね。

倉山　逆に、清国はよくこの内容を納得したものだと思います。よく意味がわかっておらず、「ほかの不平等条約よりはこっちのほうが有利だ」ぐらいだったんでしょうか。

宮脇　そうでしょう。日本に対しての研究なんか清朝には一切ありませんからね。中国人の悪いところは外国の研究をしないことです。対等だからいいじゃないかぐらいのところでしょう。でも、日本のことをバカにもしていましたが。

倉山　そうなんですよね。だから不思議だなあと思って。

宮脇　それは交渉に行った日本の政治家が、いろいろな意味で頭がよかったし、上手かったのだと思います。ロシアとの交渉を成功させた榎本武揚《えのもとたけあき》もそうですが、伊藤博文《いとうひろぶみ》にしても、あちらの漢人に尊敬されたというのが強みでした。

中国人はリアリストなので、相手を値踏《ねぶ》みするんです。シナの漢人実力者たちが日本人を値踏みした。そして、日本人が交渉相手として全然負けていない、彼らに引けを取っていないということで上手く行ったんだと思います。

今の中国人も、結局相手の覇気で物事を決めているところがあるので、大企業の偉い人も官僚も、足元を見られて上手く行きません。明治の初めは日本にたくさんの人材があって、全然引けを取らなかったところが成功した理由でしょうね。

倉山　明治九年（一八七六）の「江華島条約」（日朝修好条規）は、日本は朝鮮とはまともに交渉せず、清がどう出るかだけ見ています。日本の代表は西洋かぶれのチャンピオンの森有礼《もりありのり》で、向こうの総理衙門《そうりがもん》の首席全権が沈桂芬《しんけいふん》なんですが、どうやらこの沈桂芬がひたすら「朝鮮は我々の属国だけれども、独自の内政・外交を行なっているので、朝鮮のことなんか責任を負えるか」と言っています。国民国家、国際法の論理をまったく理解していません。

宮脇　清朝の末期は大臣たちが弱腰で、最後に李鴻章《りこうしょう》と袁世凱《えんせいがい》の名前だけが残るのは、残りの大臣が対露交渉その他でみんな失敗して帰ってくるからです。

倉山　彭沢周《ほうたくしゅう》の『明治初期日韓清関係の研究』（塙書房　一九六九年）からまとめますと、日本は「宗主国を名乗るのなら責任を持て」と言い、清が「宗主国だけど責任は持たない」と返したので、日本は「じゃあ武力で解決しましょう」と。日本は言葉と実力の両方で勝負していて、清は戦う気がない中で、ひたすら言を左右にしているだけでした。だから日本は勝てたんですね。

アヘン戦争以降、清は強制的に港は開かされているし、日清修好条規を結んで鎖国は解いています。ただし、頭の中は鎖国のままです。朝鮮も日朝修好条規で国を開き、最恵国待遇でほかの欧米にも開かれました。しかし、検定教科書では「大院君《だいいんくん》（一八二〇〜九九年）がフランス・アメリカを撃退したら、アメリカは日本をけしかけて鎖国を力づくでこじ開けた」と書いていています。

宮脇　ウソを言っているわけですね。つまり、日本に負けたことが許せなくて、アメリカならいいだろうと、そういう精神なんです。

倉山　でも、それでは日本が強すぎます。フランスよりかは強いことになってしまう。

一八七五年は清朝末期で、イスラム教徒の反乱が続き、そのほかに英仏ベトナムとも揉《も》めている時期でした。同時期の日本はというと、士族反乱が始まって二年後です。西南《せいなん》戦争が終わるのと、イスラム教徒の反乱が終わるのは同じ一八七七年です。

宮脇　一八六五年にコーカンド（今のウズベキスタン）から新疆《しんきょう》に入り、天山《てんざん》以南のほぼ全域を征圧したヤアクーブ・ベグは、一八七七年に死んでいます。

倉山　西郷隆盛が死ぬのも一八七七年で同じ。

宮脇　イスラム教徒の乱が完全に平定されるのは一八七八年ですね。

倉山　清朝の動乱に比べると、日本の士族反乱がいかに子供の遊びにすぎないか、明治維新というのが中国人やヨーロッパ人から見るといかに血を流さない改革であったかがわかります。日本史だけ見ていると、ものすごい血が流れていることになりますが。

一方で、一八七五年から七八年がロシアにとって大変な年です。というのは、七五年、「千島樺太交換条約《ちしまからふと》」が結ばれています。日本が大ロシアと対等条約を結んだ最初です。つい最近まで不平等条約を押し付けられていた日本が、なぜ急に平等条約を結ぶことができたのか。いろいろな理由があるのですが、一つはバルカン半島のヘルツェゴビナで動乱が起きるのが一八七五年で、榎本武揚はもうここで条約を結んでしまおうと読んでいるんです。そこから動乱がどんどん飛び火して、オスマン・トルコ相手の露土《ろと》戦争になり、一八七八年のベルリン会議まで、ロシアはそれにかかりっきりになります。地球儀を見て外交をやっているんです。こんな小国の日本が、バルカン半島の情勢を見てロシアと交渉し、対等条約を勝ち取っているんですよ。

宮脇　いかに日本人が相手の弱みがよくわかっていたかということですね。やっぱり条約締結に持って行くには、後ろ側を見ないといけません。相手が向こうで困っているとか、どことからんでいるかということがあってこそのタイミングですから。

日本を利用しながら、悪いことは日本のせい

倉山　大院君は自分の息子で、のちに高宗《こうそう》（第二十六代、最後の朝鮮王）になるボンボンを賢いと宣伝して朝鮮宮廷で派閥を築き、息子が本当に王様になったら自分が派閥の領袖《りようしゆう》におさまってしまいます。そして、攘夷だと言って求心力を高め、フランスとアメリカに勝ったということにした。ところが、いざ日本に条約を押し付けられると、息子の嫁に選んだ閔妃《びんひ》（ミンピ）に派閥ができてしまい、失脚するというのがこの瞬間の状況です。

宮脇　閔妃を主人公にした『明成皇后《めいせいこうごう》』という時代劇ドラマが韓国にありましたね。大院君はどうして自分が王様にならなかったのかしら。血筋の問題があってなれなかったのなら、なぜ息子がなれたのでしょうか。もし父親に資格がなければ、本当は息子にはもっと資格がないはずでしょう？

倉山　直系が絶えて下がいないから王位が回ってきたんです。哲宗《てつそう》（第二十五代）に息子がいなかったので、大院君が自分の息子を押し込んだんです。水戸烈公《みとれつこう》（第十五代将軍徳川慶喜《よしのぶ》の父・斉昭《なりあき》）と一緒です。

宮脇　なるほど。なぜ自分がならないかというと、先代と同じ輩（世代）だからということですね。儒教的な考え方です。従兄弟間では相続せず、次の世代に王位が行く。

倉山　朝鮮には、「あの時の王に戻って、ああいう政治をすればいいんだ」という見本がありません。大院君というのはこの期《ご》に及んで派閥抗争ばかり。朝鮮人も日本に無礼をされた、悔しいという、それだけなんです。何より大事なことが内輪の派閥抗争でした。

宮脇　こういう国づくりをしたいとか、自分たちのビジョンがない。大院君は一族の中から息子の嫁を取って、それが閔妃だったわけですが。

倉山　これが生涯の宿敵になってしまった。

宮脇　最初はたいへん下手に出て舅《しゅうと》によく仕えたけれど、自分の一族でだんだん勢力を築いていきました。だから、閔妃は悪知恵だけはあるんですよ。そして、地盤ができたとたんに舅に対抗するようになりました。

倉山　閔妃は大院君との派閥抗争に勝って、開化政策といわれるものを始めます。それまでの李氏朝鮮の軍隊はほったらかしにして、八十人ぐらいを集め、「本隊ではない別技《べつぎ》」ということで別技軍というものをつくりました。この八十人を日本人顧問に指揮させ、新式訓練を施してモデル部隊にし、成功させてほかの部隊にも広げようという計画だったようです。

朝鮮をかき回した大院君

しかし両班ではない上司の言うことを部下が聞かず、あいかわらずの身分差別が持ち込まれてしまう状況でした。

一方、大院君派の金弘集《きんこうしゅう》などは穏健改革を進めて清朝を見習おうとします。「壬午事変《じんごじへん》」（一八八二年）というのは、「日本派 対 清派」の代理戦争ですよね。


宮脇　そうはっきり言えないのが難しいところです。日本人は、「この人はどっち派」だと聞くと、一生その人に忠誠を誓うように思ってしまいます。でも、朝鮮の派閥は、自分に援助してくれる人だったらすぐに乗り換えてしまうのです。

とくに韓国の教科書を読むと、悪いことは全部日本のせいにして、説明がまったく歴史的ではないので、何が起こったのか、実はあまりわかっていません。もちろん近代化するには日本に見習うしかありませんし、一八七六年に日朝修好条規が締結されてすでに交流が始まっています。ですから、閔妃は、日本の援助で日本の軍隊と同じようなものをつくって大院君に勝ちたかったというのはあったろうと思います。

大院君は、もともと非常に排外派ですから、改革する気はまったくありませんでした。閔妃がそれに少し先んじたというふうに私は思っています。

倉山　そして、新式のほうはきちんと給料が支払われるのに、旧式軍隊のほうは十三カ月も給料が支払われず、やっともらえたと思ったら、例によって米袋の中に砂が混じっていた。

それで激怒した旧軍隊が、一八八二年（明治十五）七月二十三日に武力蜂起します。そして、反閔妃派、事大党の領袖の金弘集らが日本公使館を焼き討ちし、いったん失脚していた大院君を担ぎ出しました。女官に紛《まぎ》れて脱出した閔妃は、日本が頼りにならないからと、清の袁世凱を頼ります。これが壬午事変です。相手を倒すためならば一瞬にして派閥が入れ替わってしまうんです。

宮脇　一八八〇年に日本はソウルに公使館を置いています。日朝修好条規が一八七六年ですから、四年後に日本はちゃんと公使館を置いたわけです。ところが、朝鮮側が東京に公使館を置くのは八年後です。要するに国際的な常識が身についていない。これまでソウルには清朝の人間だけはいたけれど、日本人がいるようになったというので、単に見せしめとして、わかりやすく日本を攻撃したのだと思います。

倉山　金弘集という人は十数年後になると改革派のような行動を取ったりもしていますが、この時は閔妃を倒すためにゴリゴリの守旧派と組んでいますよね。

宮脇　閔妃と大院君が争っていますが、閔妃の夫は高宗です。大院君は高宗の父親です。高宗は何をしているのでしょうね。奥さんとお父さんの争いなのに、一切出てこないというのが問題です。

倉山　閔妃と大院君が生きている時は本当に目立たないですよね。大院君の権力の基盤というのは、結局、「うちの息子は賢いんです」と広めまわったからです。それで高宗が王位につけたのに、どこがどう賢かったのか、さっぱりわかりません。

宮脇　日本は、とくに戦後は受け身の歴史しか書かず、日本から見て筋の通った歴史書を全然書いていないのがいけない。この壬午事変で日本人がずいぶん殺されたり逃げまわったりしています。

倉山　日本公使館が焼かれましたが、これは侵略されているのと同じですから。

宮脇　公使以下二十八人が夜間に脱出しています。護衛を送ってくれと言ってもまったく救援隊が来ませんでした。国際法で外交官は守る義務があるのですけどね。しかたがないので夜に公使館放棄を決断して、闇に紛《まぎ》れて別のところに逃げ込んだら、今度はそこが攻撃されます。しかも、受け入れた向こうの役所の人間も混じって攻撃したというのですから、ほとんど韓流時代劇の世界です。

多数の死傷者を出しながら、命からがら仁川《じんせん》（インチョン）府を脱出し、小舟で漂流しているところを、フライングフィッシュというイギリスの測量船に救出されました。そしてほうほうの体で長崎に逃げ帰った。

倉山　大惨事ですね。公使館を焼かれて死人が出た。これが大事なことです。日本の教科書だと、壬午事変からいきなり日本が侵略したとか、その前の征韓論以来ずっと日本は侵略しつづけているような話になっています。

たとえば、日本にある韓国大使館に日本人の暴徒が乱入したら、日本の警察が守るわけです。ところが、朝鮮は何もしない。これを治安維持能力といいますが、この能力がないと、結局まともなお付き合いができない国だということです。はっきり言いますが、一方的に朝鮮が悪い。

日本は、軍艦五隻に陸軍一個大隊と海軍陸戦隊を乗せて、仁川から一気にソウルまで駆け上がり、居留民を保護しました。くり返しますが、朝鮮政府が、日本の居留民を守ってくれないわけです。公使館を置いているのに、そこが襲撃されても何もしない。当事者能力がないのですから、軍隊が乗り込んで居留民保護をせざるを得ません。

その結果、「済物浦《さいもっぽ》条約」（一八八二年）で日本は四条件を朝鮮に認めさせました。「謝罪」「責任者処罰」「賠償」、それから「公使館警備のための軍隊駐留」です。「日本は公使館警備の名目で軍隊を駐留させた、だから壬午事変は侵略だ」などとわけのわからないことを言う人もいますが、自国民を殺されているのですから当たり前です。この四点セットを全部やって初めて文明国なのです。四つ目に関しては、再発防止を相手に約束させることができれば軍隊駐留まではしなくてもよいのですが、朝鮮にまともな治安維持能力がないことが明らかになったのですから、日本の軍隊を駐留させるのは当然です。その軍隊といっても形式的なもので、百五十人ぐらいだったのですが。

宮脇　壬午事変が旧兵士の反乱だったといっても、彼らが整然と反乱を起こせるわけがありません。黒幕が大院君であることは明明白白です。閔妃が逃げまわって大院君が返り咲いたのですからね。彼らが日本人を殺したのは、そうすれば閔妃が困るだろうと、閔妃が組んだ相手だからというので日本を攻撃したのにすぎません。閔妃がなぜ日本と組んだかといえば、大院君の後ろにシナがいたから、それと対抗してくれそうな後ろ盾として日本を選んだというだけです。

倉山　結局、壬午事変、甲申事変、日清戦争と、実は日本と清は朝鮮を舞台に三回角逐《かくちく》しています。最後の日清戦争だけが大きな戦いなのでそれが全部のように思えますが、実は前哨戦が二回あった。その一回目がこの壬午事変で、日本はひどい目にあいましたが、何とか結果的には外交で引き分けに持ち込みました。

しかも、日本がすごいのは、このとき伊藤博文は憲法調査のためにヨーロッパに行っていたので、全部井上馨《いのうえかおる》が仕切っています。中心人物がいなくても代わりにやれる人がいるというのが、幕末以降の元老のすごさですね。

宮脇　そして、その人たち全員が下級武士の出身だということも日本のすごさです。朝鮮半島にはそういうレベルの人間が本当にいませんでした。

福沢諭吉《ふくざわゆきち》に「脱亜論《だつあろん》」を説かせた理由

倉山　壬午事変後、「閔妃 対 大院君」の戦いの中で清が介入し、大院君が担《かつ》ぎ出されますが、閔妃のほうも清国に媚び、清国は強い閔妃と閔一族を選びます。韓国の教科書によると、「朝清商民水陸貿易章程」なるもので経済的に属国化されたと、やたらと清国の悪口が書かれています。

清国は朝鮮を自分の一部だと思い、それに対して日本は切り離そうとしているというせめぎあいの舞台（シアター）が朝鮮です。結果的に日本は取るものは取って面子《めんつ》は保ちますが、清国が影響力を行使し、李鴻章の側近である馬建忠《ばけんちゅう》が袁世凱の顧問として入り込みます。また、ドイツ人のメレンドルフが高宗側近になります。外国人でありながら、外務次官のような地位につけられています。

閔妃は日本に見習って改革を始めたのもつかの間、大院君派が清国と組んでひっくり返そうとして壬午事変になったのです。すると閔妃も清国に媚《こ》び、大院君派を蹴散らします。しかし、宮殿に戻ってくると、今度はロシアに色目を使う。相手は誰でもいいんです。

宮脇 つまり、言うことを聞いてくれる後ろ盾がほしいというだけです。そして、かわいそうな大院君は、親清派だったくせに清国につかまったんですよね。

倉山 はい、大院君があまりにも信用できないというので、拉致されて北京に幽閉されてしまいました。李鴻章自ら、厳しい査問にかけています。また大院君を担ごうとする勢力が出るとまずいので、いつでもカードとして使えるように取っておこうということですね。

宮脇 壬午事変の起こった一八八二年には、清朝はすでに南のほうも怪しくなっています。このあと清仏《しんふつ》戦争でベトナムをフランスに取られてしまうことになります。李鴻章は、とにかく朝鮮だけは日本に取られないように、「日本よりも先に出ていかねば」という危機感を持つのです。

これを今の日本人は、その時の清が日本と同じように国民国家で清国軍が来たというふうに思ってしまいますが、まったく違います。そのとき李鴻章は北方にいました。すでに外資が入ってきて儲ける商人がたくさん出てきている場所です。だから、あくまでも自衛のために自分たちで軍隊をつくったのです。清朝はもう役に立たず、八旗兵《はっきへい》（満洲兵）も役に立たない、近代化しなければいけないというので、地方で勝手に軍隊をつくっていた。その一番大きいのが李鴻章です。

政府が立派な人を政府の力で軍隊の長にするのではなく、自分の軍隊を持っていて力がありそうな人に大臣の職を渡している。日本人が想像するのとは逆なのです。

李鴻章にしてみれば南は自分の勢力圏ではないので、だから北洋軍《ほくようぐん》というのです。

倉山　このあと、李鴻章が送り込んだ馬建忠はすぐにいなくなってしまいますが、メレンドルフも清国に謀《はか》られ、すぐに失脚してしまいます。清国は、日本にもロシアにも朝鮮を渡したくないわけです。

ちなみに、高宗という国王殿下は何をしたかというと、「李鴻章様、あなたさまの情けにすがりますので我が父をお返しください、そうすれば我が朝鮮人民はすべてあなたさまの偉大さを讃えますでございましょう」という、これが国王の書く文章かというような情けない

ょうか。手紙を書いています。しつこいですが、なぜこんな人が賢いと評判になってしまったんでし

宮脇　ほかに誰もいなかったからでしょう。朝鮮は五百年も続いてずっと王様がいるのですから、本当だったらライバルがいてもよさそうなものなのに、一人もいない。

倉山　壬午事変のあと、閔妃の政権があっという間に復活し、これが清国に媚びたと思ったら、ロシアにも色目を使ったことはさっきも言いましたが、呆れた清国が、三年間拉致していた大院君を送り返し、やっぱり「閔妃 対 大院君」の二大派閥抗争になりました。

そして一八八四年、金玉均《きんぎょくきん》（一八五一〜一八九四年）が竹添進一郎《たけぞえしんいちろう》公使の協力を得て閔氏政権に対するクーデター、「甲申《こうしん》事変」を起こします。金玉均にしてみれば、改革派だと思っていた閔妃があっという間に清に媚び、ロシアに媚び、やっぱりまた清に媚びて、結局裏切られているわけですから。

このとき金玉均は、十四項目の政策綱領《こうりょう》を発表していますが、いいことを言ってはいるんです。第一に、清国に対して独立しようと。国王殿下などというみっともない名前をやめて、皇帝陛下として独立しようと。二つ目として、清国に朝貢するなどという古いことはやめよう、我々は独立国であると。そして、第三に、内閣を廃止し、税制を改め、宦官の制を

日本で撮影されたという若き頃の金玉均

廃止する。とてもいいことを言っているのですが、時機に適《かな》っていない正論ほどタチの悪いものはありません。

宮脇　本当にそうです。社会の仕組みがまったく違うのに、日本が上手くいったのだからウチも上手くいくだろうと思っているんですよね。清朝もそうです。戊戌《ぼじゅつ》の政変で、日本の明治維新が成功したから見習おうと思って動くんです。康有為《こうゆうい》は優秀と言われていますが、根回しもないし、いきなり皇帝と組んで本当に簡単に動いてしまっています。

倉山　日本外交史の立場から見ると、現地の公使が激情にかられて乗ってしまうんですね。竹添進一郎も結果論としては失敗していますので、褒《ほ》められたものではありません。

　また、宦官の制を廃止するというのは、宮廷の抵抗勢力全員にケンカを売るということです。いきなりこんなことを言って、できたら大成功ですが、失敗したら準備不足ということになります。

宮脇　この金玉均は、福沢諭吉《ふくざわゆきち》が本当にかわいがっていた、ちゃんとした人で知識人でした。しかし、階級は中人階級だったんです。朝鮮は、てっぺんに両班という貴族がいて、中人がいて、常民がいて、あとは奴婢がいるという、大変な階級社会でしょう。中人階級というのは、たとえ父親が両班でもお母さんが庶民だったり、奴婢だったりすると、一生そのままの階級なんです。

両班という一割以下の貴族階級は、官吏になるために、いちおう科挙の試験に受かったことになっていますが、だいたいボンクラだったり、ボンボンで遊んでいたりして実務能力はありません。李氏朝鮮の中頃から、実務はずっとこの中人階級がしていました。つまり、金玉均は実務階級だったわけです。

だからこそ、早く日本の明治維新のように四民平等になって、自分たちも政治に参加してものが言えるようになりたいと考えていた。しかし、朝鮮の階級社会というのは日本人の想像を絶しているんです。これを日本人は今もわかっていません。

韓国人は相手を見たら、とにかく自分より上か下かしか考えませんからね。人間関係で横並びということがあり得ないのです。だから、この金玉均がいくら正論を吐こうとも、成功はしないわけです。

倉山　朝鮮の階級社会は、要するにインドのカースト制とか、南アフリカのアパルトヘイトの世界と一緒だと思ったほうがいいですね。

宮脇　だけれども、日本人は明治維新をやって、そのあと日本を近代化している人たちがみんな下級武士出身で、「自分たちが革命を成功した結果、能力主義でここまで来たんだ、だから朝鮮人もそうさせてやりたい」という人がどんどん出てきたわけですよ。

シナは、朝鮮ほど階級社会ではありませんが、地域別なんです。今は蔣介石《しょうかいせき》が台湾に連れてきた人間を外省人《がいしょうじん》、もとからの台湾の人を本省人《ほんしょうじん》という言い方だけが残っていますが、実際には、辛亥革命の時、すべての省が本省人と外省人を区別して、「外省人出て行け」運動をしています。それは完全な地方自治になってしまう。そういう意識が日本と違います。

日本人はそういうことを全然理解しないで、日本の明治維新で成功した武士たちが、ほかのアジアの人たちもみんな日本のようになったら幸せだと思ってしまった。

倉山　そういう点で、結果論として竹添は軽率だったと言われても仕方がありません。昔の南アフリカで、いきなり白人と黒人を明日から関係なく何でも一緒にできるような話にならないわけじゃないですか。それと同じことをやろうとした金玉均みたいな人を本気になって日本人が応援してしまった。「朝鮮人だって日本人と同じような人間じゃないか」と思っていた。自分と他者が違うという意識があまりにも足りなかったんですよね。

竹添や金玉均は、清は清仏戦争にかかり切りだから大丈夫だろうと思っていました。ところが、意外と早く清が負けてしまって、こちらに全力を向けられる形勢になります。そうしたら閔妃様は何をやったか。ロシアに色目を使っていたくせに、今度はやっぱり清国を頼る。

壬午事変以降、日本は軍を百五十人駐留させて日本公使館を警備していました。そして、清国軍が日本公使館に逃げ込まなかった日本人を虐殺します。

宮脇　ところが、清国が勝手に日本公使館警備を名乗り出て軍隊をどっと入れてきます。清国軍も千五百人いるので銃撃戦になり、「日本公使館焼き討ちパート・ツー」になるわけですね。さらに日本人居留民を虐殺という怖ろしいことが起きてしまっています。清国軍は日本公使館を守るはずじゃありませんでしたっけ？　李鴻章というのは、やっていることは要するに軍閥と称するヤクザですね。

倉山　清国軍も千五百人いるので銃撃戦になり、

宮脇　「軍閥と称するヤクザ」はそのとおりなんですが、シナではそもそも軍隊というのがそういうものなんです。軍隊は勝ったら何をしてもいいのが大陸の戦争ですから。「良い鉄は釘《くぎ》にしない、良い人間は兵隊にならない」というシナの諺《ことわざ》のとおりです。

倉山　竹添は命からがら長崎へ脱出し、金玉均や仲間の朴泳孝《ぼくえいこう》も最終的に日本へ亡命し、三日でクーデターは失敗しました。そして清国はと言えば、閔妃が頼ってきたけれどもやっぱりロシアに色目を使っていたので、大院君をここで送り返して、派閥抗争をさせる種をまくわけですね。

再び、「閔妃派 対 大院君派」という闘いになるのですが、甲申事変のあと、閔妃は開化派要人の家族を片っ端から捕え、五親等以内の親戚を皆殺しにします。

閔妃は、大院君派と派閥抗争をやりながら、日本に対しては「漢城《かんじょう》（ソウル）条約」（一八八五年）を結んで謝罪と賠償をすることになります。

壬午事変の時は四点セットだったのが、二点になったということです。再発防止はどうせ朝鮮と交渉してもムダなので、謝ってカネをよこせという二点になった。責任者処罰を言い出すと、日本側は金玉均を差し出す話になりかねないし、相手方の責任者は閔妃ですからどうしようもありません。

宮脇　福沢諭吉は、金玉均が日本に逃げてきたあとも、ずっと応援しつづけました。ところが、本人が上海まで行って、日本人の護衛もいたのに、その人が目を離した隙に宿舎で殺され、朝鮮に運んだ死体を切り刻んで五カ所に分けて晒《さら》されてしまいます。

それで、激怒した福沢諭吉が、時事新報の一八八五年二月に「朝鮮独立党の処刑」という記事を書きました。この記事を私が『歴史通』（二〇一二年十一月号）に寄せた原稿の中で片仮名から現代日本語の表記に改めていますので、それを掲載します。

人間娑婆《しゃば》世界の地獄は朝鮮の京城に出現したり。吾輩はこの国を目して野蛮と評せんより、むしろ妖魔悪鬼《ようまあっき》の地獄国と言わんと欲するものなり。而《しこう》して、この地獄国の当局者は誰《た》ぞと尋ねるに、事大党《じだいとう》政府の官吏にしてその後見の実力を有するものは、すなわちシナ人なり。吾輩は千里遠隔の隣国におり、もとよりその国事に縁なき者なれども、この事情を聞いてただ悲哀に耐えず、今この文を草するにも涙落ちて原稿紙を潤《うるお》すを覚えざるなり。

この翌月に福沢は「脱亜論」を出しています。こういう立派な金玉均を、しかも、無謀でいろいろな失敗があったにせよ自分たちの国をよくしようと改革を志《こころざ》したのに、その人の一族を皆殺しにするわ、体を切り刻んでこんなふうに晒すわって、どんな野蛮な国なんだと、そういうことですよね。これが福沢に「脱亜論」を書かせた原因です。

ちなみに、「脱亜入欧論」は戦後に日本の変なマスコミが流行《はや》らせた言葉です。福沢諭吉は「入欧」なんて言っていません。純粋な「脱亜論」で、シナや朝鮮と日本が同じだと思われたら日本のためにならない、我々はもう縁を切って自分たちのことだけを考えようというものです。いまだにそのとおりですよね。

倉山　正確に言うと、「脱特亜論」ですね。チャイナ、コリアだけですから。ほかのアジア諸国とは付き合います。

清の暴走から始まった日清戦争

倉山　さて、日本は朝鮮とは漢城条約で謝罪と賠償だけを約束させました。しかし、再発防止については朝鮮と話をしてもしかたがないので、清朝との間で「天津条約《てんしん》」（一八八五年）の交渉を行ないます。伊藤博文が自ら乗り出し、李鴻章との間で、かなり難航した交渉になりました。眼目は、朝鮮からの日清両軍の撤退です。

日本としては朝鮮を清から切り離して独立させることが目的ですから、自分たちが朝鮮にいなくても清国がいなければいいのです。両軍ともに軍事顧問団を派遣せず、朝鮮の自主独立に任せようというわけです。日本は金玉均という橋頭堡《きょうとうほ》を失ったので、居座ったところで誰と組めるわけでもない。閔妃も大院君も信用できません。そして、これが日清戦争で重要になるのですが、朝鮮はどうせ揉《も》めるだろうとお互いにわかっているんです。だから、揉めた時には出兵する、出兵前にはお互いに事前通告しましょうという約束をしたというのが、天津条約です。

宮脇　この「出兵前に事前通告」というのは非常に大事な点です。日清戦争も、「日本が一方的に出て行った」「日本が悪い」という意見が最近は多いのですが、本当に伊藤博文は素晴らしい政治家だと思います。李鴻章に対して一歩も退《しりぞ》きませんでした。

倉山　大久保利通や伊藤博文は、いざとなったら自ら大陸に乗り込んでシナの政治家と渡り合い、最低でも引き分けに持ち込んでくるという人たちでしたね。

この間、国際情勢も大きく動いています。十九世紀とは、イギリスという海のチャンピオンに対してロシアという陸のチャレンジャーが挑《いど》んでいます。ロシアは西から順番に、オスマン・トルコ、ペルシャ、インドの手前のアフガニスタン、そしてこの清国および朝鮮半島で、不凍港を求めてイギリスに挑んでいます。

イギリスとしては、とにかくロシアに凍らない港を渡したくないし、海に出るのを阻止したいので、自ら朝鮮の巨文島を占領します。朝鮮は世界に冠たる大英帝国に何も言えません。そして英露交渉になり、日清英露が朝鮮を舞台につばぜり合いする中で、のちに日清戦争に突入していきます。

宮脇　イギリスは、江戸末期にロシアが対馬を占領した時も、日本に頼まれてロシア軍を追い払っています。イギリスとロシアが「グレート・ゲーム」をやっていて、もうロシアがこのとき沿海州まで取り、念願のウラジヴォストークも取っていますが、あそこは一年の半分凍るんです。やっぱり不十分なので、今の北朝鮮、あるいは遼東半島をずっと狙っている。イギリスはそれをとりあえず抑えたいというので、アムール河から何からいろいろなところで問題がある中に朝鮮半島がある。朝鮮は一切そのことを考えませんでしたし、いまだに考えていません。自分たちがどういう場所にいるかということもわかっていないですね。

倉山　それに、当時の日本人の苦境もわからなければいけません。壬午事変の時にイギリスの測量船が逃げてくる公使を助けたとか、そういう話ばかりをつなげると、日英同盟の走りのようなものが当時からあったように思うかもしれませんが、当時のイギリス人には基本的に日本のことが視界に入っていません。イギリスにとっての東アジア政策は、基本的に清とそのおまけです。朝鮮は日本以上に視界に入っていませんが。

日本はそういう状況を知っているので、必死になって自立しようとしました。では朝鮮はというと、まったく何もしていません。唯一自立しようとしていた金玉均や朴泳孝を徹底的に弾圧し、相も変わらず清国への忠誠心競争で閔妃と大院君が不毛な派閥抗争をくり返していた。

宮脇　そして、清朝は結局、一八八四～八五年の清仏戦争に負けて、フランスにベトナムを取られました。「ベトナムは朝貢国《ちょうこうこく》」と言いますが、この朝貢という考え方を日本の東洋史は間違って解釈しています。あれは人間関係であって、君主と君主の間の君臣関係、家来関係なのです。しかも、別に外国とだけではなく、朝貢というのは、清朝ですべての官僚がやることなんです。

今、中国は「華夷秩序」とか勝手にいろいろなことを言いますが、清朝時代に東アジア全体がこうした秩序になったというのは真っ赤なウソです。本当にまじめに朝貢していたのは、朝鮮とベトナムと琉球ぐらいです。あとは、内陸はめちゃくちゃだし、ビルマ（ミャンマー）も時々だし、ちゃんとした秩序ではないのです。だいたい、人治主義ですから。今の中国を見てもわかりますが、すべて人間と人間の関係であって、土地の支配とか、王様の統治権とか、組織とか、制度など、朝貢とは何の関係もないのです。

ところがこのとき、本当にフランスがベトナムを取ってしまい、清朝はひたすら朝鮮を日本に取られる前に取ろうという意識しかなくなりました。それがちょうど金玉均のクーデターの時期にぶつかったというのも運が悪かったのです。

また、朝鮮の支配階級は国民との一体感をまったく持っていません。それまでは清朝との関係だけで動いていたのが、いきなりいろいろな外国がやってきた。その中で、いかに自分たちの地位を保全するかということだけを考えて、都合よくあの外国を使い、この外国を使い、「あそこがお金をくれたから」といった理由だけで動き出すので、話が国際的な泥沼になっていったんです。

そして、日清戦争（一八九四〜九五年）がなぜ起こったかというと、その前に伊藤博文が李鴻章と天津条約を結んでいたからです。

倉山　朝鮮に対してもちゃんとやっています。甲申事変後の謝罪と賠償の二条件です。警備に関しては朝鮮に当事者能力がないので日本も清も引き上げる、これが伊藤と李鴻章が北京と天津で結んだ天津条約です。何かあった時には事前通告の上で入ることで合意しました。

宮脇　この甲申事変の話は先述の清仏戦争ともからんでいます。日本はとりあえず朝鮮を緩《かん》衝《しょう》地帯（バッファ・ゾーン）にしたいと思っていました。どこの国のものでもなく、清朝も入らず、ロシアも入らず、日本はウォッチするだけというのが望みでしたが、清朝のほうがどんどん変質してしまった。

フランスが清の南方のベトナムまでやってきて、「ベトナム王は清朝の家来かもしれないが、ベトナム国民はフランスのほうがいいと言っている」とむちゃくちゃなことを言い出した。自分たちに味方する現地の人間を使って傀儡《かいらい》政府をつくり、「こっちのほうが国民の意思だ」と言ったわけです。

清仏戦争に負けた清は、ベトナムの宗主権を放棄させられました。それで清は、朝鮮がよその国に取られる前に清朝の一部にしてしまおうとします。要するに〝玉突き現象〟です。これが直接的に日清戦争の原因になると考えたほうがいいのです。

しかも、清仏戦争の時、台湾海峡をフランス艦隊が封鎖したので、清はそこがよその国の海にならないよう、台湾を押さえておかなければというので、台湾を省にしました。一八八五年、日本が台湾を譲り受ける十年前に台湾はやっと内地になったのです。

たった十年ですから台湾に対する行政などはまったく中途半端で、文明化もしないうちに日本の領土になりました。このように、清朝は南からの状況の変化にすべて後手に回ってしまった。だから、朝鮮だけは自分のところに留めておきたかったのです。

清朝が朝鮮にだけは素早い対応ができたのは、朝鮮を管轄する地方の自衛軍の対応が速かったからでした。当時の清朝は、地方ごとに管轄が違い、言葉も違いました。それぞれの地方の人たちが自衛軍をつくり、国家の軍が弱くなっていました。

朝鮮半島は李鴻章の管轄だったので、朝鮮王を無視して自分が朝鮮王のようにふるまいます。袁世凱もまったく主人のように朝鮮半島に乗り込んできました。この二人が朝鮮を自分たちの属国のように扱うのに対して、日本がストップをかけたのが日清戦争（一八九四〜一八九五年）です。

日清戦争というのは、日本と清の戦争というよりも、日本と北洋軍、日本と李鴻章や袁世凱の派閥との戦争、つまり、日本と〝一地方〟の戦争だと考えたほうがいいでしょう。清朝の宮廷や政府は南方に対しては熱心ではありません。「西太后《せいたいごう》が頤和園《いわえん》のために費用を使い、李鴻章や袁世凱にお金を出さなかったのが日清戦争に負けた理由だ」という説がありますが、どこまで本当かわかりません。漢民族の李鴻章たちだけにお金を出したら彼らが強くなってしまうからと、満洲人のほかの軍閥や大臣たちが猛反対したのではないかと私は思っています。

倉山　これは中国人の研究者から聞いたのですが、中国人研究者が清朝を研究する時は、誰が何民族かを当たり前のように押さえた上で進むのだそうです。ところが、日本人研究者は「全員中国人」という括《くく》りにしてしまうので、何をやっているのかまったくわからない。

宮脇　南のほうの人間にしたら、「李鴻章なんか知るもんか」ですからね。「勝手に日本と戦争しろ、自分たちはこっちで忙しいんだから、誰が援軍なんか送ってやるか」と思っていますから。

清朝は本当に朝鮮を属国化しようとしたんです。だから大院君も連れて行ったし、まったく自分たち自身で動こうとしました。それまでの緩《ゆる》やかなやり方を変えたのです。それが日清戦争の原因です。日本が一方的に乗り出したのではありません。清が方針を変えて朝鮮を清にしようとし、それに対して朝鮮の支配階級は「うん」と言いました。彼らは、清の一部になっても自分たちの特権が維持できればよかった。金玉均たちは、朝鮮が清朝になるのが嫌だから日本に助けてくれと頼ったんですよ。

倉山　しかも、東学党《とうがくとう》の乱（一八九四年）の大幹部を大院君が居候《いそうろう》させていますよね。閔妃をいつかひっくり返してやろうと思ってそんなものを飼っている。そしていざ乱が起きて清国が介入し、日本も介入してきて、日本の力を借りて閔妃を追い払ったら、真っ先にやったことが親日派である開化党の大弾圧で、日本が激怒する。こんな話ばかりです。

ヨーロッパ人は中国という塊《かたまり》で何かやると思っていますが、伊藤博文は日清戦争で清朝が国として固まってくることはないから、北京の手前で止めれば勝てると踏んでいます。勝負勘《かん》があるんです。伊藤はちゃんと戦争設計をしています。

実は陰で日本人をバカにしている

宮脇　それに、閔妃にしても大院君にしても、日本人を見下していたことは確かです。日本から交渉に行った人たちが下級武士出身で階級が低いから。

倉山　その割に、大院君は泣きながら三跪九叩頭《さんききゅうこうとう》の礼をするんですよ。

宮脇　でも、腹の中では「畜生」と思っていますからね。清朝建国時、ソウルに攻め込まれて清の太宗ホンタイジに三跪九叩頭をした時と同じです。朝鮮の王たちは、その後も清朝なんか野蛮人の国だとずっと思いつづけていました。清朝なんか満洲人だ、野蛮人の女真《じょしん》だと、ペコペコしている割にはバカにしているんです。

倉山　日本の保守派の人がわかっていないのは、朝鮮人のアイデンティティが「中華様の一の子分」だということでありながら、実は「いつか親分との関係をひっくり返してやろう」と常に企《たくら》んでいることです。そこをすっ飛ばしてしまう。

宮脇　朝鮮は清朝の皇帝一族をバカにしているんです。田舎者の狩猟民だと。自分たちのほうが伝統的に古い儒教を守り、しかも文化が高いというわけです。実力がないから、妄想ばかりで生きているんです。実際の接触がないので思想的にどんどん膨《ふく》れ上がっていく。マルキストと同じです。清朝の文明度がどんなに高くたって、「でも出身は？」と言うんです。

閔妃は、日本から来た人間は自分たちの社会なら奴隷階級だと思っているわけです。儒教では、とにかく汗を流すことは下層で、武器を持っていることも下層で、だから武士階級というのは社会の最下層です。それなのにやってきて何を偉そうなことを言う。お金はちょっと持っているかも知れないがと、ものすごく反発している。ロシアは貴族を送り込んだので、閔妃はロシアとは仲良くなるのですが。

いずれにしても、向こうの政権争いをしている人たち全員が、実は日本人を陰でバカにしていた。見下しているし、自分たちとしては、口先だけうまく言って使っているだけのつもりでいます。舌先三寸で出し抜くとか、反対派に対して利用するとか、そういうことしか考えていない。まったく友好も愛情も何もない。

倉山　今では親日派の代表格と見なされる李完用《りかんよう》（一八五八〜一九二六年）は日清戦争の頃、反日派ですからね。私もこの本の準備のために、朝鮮末期の主要人物一人ひとりがどの時点でどういう態度を取っているかを追ったのですが、一貫した人間が一人もいませんでした。

宮脇　結局、日韓併合も、高宗が責任を回避して、李完用ら部下に丸投げして、大臣たちが

「これしかないから」と言って、ただその時を何とか乗り切ろうとしただけです。本心は全然関係ないのです。その時、その瞬間を、ウソでも何でもいいから乗り切る。あとのことは考えない。

日本の教育では「朝鮮かわいそう」「日本のせいだ」という話ばかりしていますが、自分たちもそういう見方しかしません。金時鐘《キムシジョン》という有名な詩人が「不条理」と言っています。「敗戦国である日本が分断されないで、被害者である我々が分断されるのは、不条理だ」と。「あんたたち、自分で何もしなかったでしょ」と思うのですが。本当に被害者意識しかないというか、主体性がないなと思います。

倉山　それを言い出したら、日本も沖縄を取られ、北方領土を取られ、大日本帝国から領土が十分の一になりましたけどね。

ところで、金玉均も言われるほど真人間だったのかというと、どうなんでしょう。

宮脇　そもそも日本の草の根運動のようについてくる大衆というものがいない。

倉山　朝鮮人には「作戦」という概念がありません。日本史の立場では、本当に明治の外交史の人にきちんとやってもらいたいことなのですが、大鳥圭介《おおとりけいすけ》は別として、明治初年から三浦梧楼《みうらごろう》まで、現地にいる人が全員ブチ切れているんです。閔妃暗殺にしても、壬午・甲申の竹添進一郎にしても、とにかく朝鮮をひっくり返してやろうと。よほど不愉快なことばっかりだったのです。

宮脇　一部の人が威張りくさっていて、あとの人はみんなひどい目にあっていて、汚くて、それでいて日本人を見下して、人間関係はひどいし、残虐なところばかり見せられるし。全然よい社会じゃありませんからね。土地が貧しく、産業・農業ともに発展していないので、普通の人たちの暮らしが成り立っていない。人心が荒《すさ》んでいるんです。

倉山　韓国の歴史教科書では、日清戦争について東学党の乱の話しか書いてありません。

宮脇　本当にあの人たちは世界を見るとか、世界の中の自分たちという感覚がないですね。朝鮮・韓国は昔から世界はどうでもよくて、自分たちのことだけ。

倉山　日清戦争で日本が勝って、清国がいなくなりました。さあ、朝鮮は何をしたでしょうか。日本派の大院君が失脚し、というより、頭にきた日本が大院君を傀儡政権の首班にするのが嫌だと幽閉して失脚させました。閔妃が返り咲きました。そして、ロシアに媚びました。もうわかりやす過ぎます。

宮脇　日本は日清戦争の勝利で得た遼東半島を三国干渉（一八九五年）で返還させられ、そのあとロシアが来た。それで結局、朝鮮は「ああ、ロシアのほうが強いじゃないか」「なんだ、日本ってその程度だ」というのでロシア側についたというだけの話です。

倉山　そして、清への徹底的な見下しも始まるんですよね。そもそも漢民族ではないのでいやいや従っていたところへ、もう負けたからいいと。

宮脇　清国は嫌いで、日本はもっと嫌い、今度はロシアだ、ということですね。

倉山　そして、その閔妃路線を閔妃殺害後も高宗が継いだどころか、もっとひどくなって「露館播遷《ろかんはせん》」です。国王（高宗）自ら国を売って外国（ロシア）の公使館に一年間逃げこんで引きこもるなんて、誰が予想できるでしょうか。さすがにこんなことは……ああ、でも、朝鮮史を見ていたら、モンゴルに保護される高麗王とか、こういうことがよくありますからね。連中ならやりかねないですが、しかし、事前にそれを読めと言われても真人間には無理ですよね。

ちなみに、意外と知られていないのですが、三浦梧楼のあと駐韓公使になった小村寿太郎《こむらじゅたろう》は、清朝でのスパイ活動が認められて外務大臣にまで出世しています。アジアのことに非常に詳しいんです。

宮脇　でも、朝鮮まではわからなかったと。

倉山　そうですね。頭がいい人間は、バカな人間がバカなことをするのを読めないということ

『李王家紀念写真帖』に掲載された高宗の肖像

とがありますから。小村寿太郎の生涯唯一最大の失敗とされる「露館播遷」に予見可能性があったかどうかをちょっとお聞きしたいんですが。

宮脇　ないでしょう。元首がそんなことをするなんて、普通は考えられもしませんから。

倉山　ところで、韓国の歴史教科書では、「閔一族」という言い方をしていて、閔妃のことをあまり書いていません。殺された時しか出てこないんです。

宮脇　書けないからでしょうね。いいことがありませんから。

閔妃は有名な写真が伝わっていましたが、あれはニセモノなんです。『歴史通』二〇一二年一月号で佛教《ぶっきょう》大学教授の三谷憲正《みたにのりまさ》氏が書いておられますが、学習院大学で、閔妃と言われていた写真と同じ人が違う背景で写っている写真が見つかったんです。そのほかにも、この写真と同じ絨毯《じゅうたん》や背景が写り込んでいるいろいろな人の写真が出てきました。

この背景で写っている写真は、すべて妓生《キーセン》か楽隊です。つまり、これらはすべて同じ民間の写真館で撮られたものだということがわかりました。閔妃の写真と言われていたものも、同じ写真館で撮った写真の背景だけを消したものです。

果たして王妃が、妓生を撮って絵葉書をつくるような写真館に出向いて写真を撮るでしょうか。あり得ません。ですから、この写真は偽物だということが明らかになったわけです。

閔妃とされてきた写真

しかも、イギリス人女性紀行作家イザベラ・バードが何度か閔妃に会っているのですが、彼女の手記によれば、閔妃は平たい髪をしていたそうです。王妃はこういうつけ髪はしないのです。そしてもう一点、イザベラ・バードは、閔妃は華奢《きやしや》な人だったと書いています。しかし、この写真の女性はまったく華奢ではなく、むしろごつい感じです。この二点を含めて、この写真が閔妃ではないということが証明されています。

以上の話がなぜ日本人にとって大事かというと、今の韓国の教科書や韓国人の主張では、この写真は、日本人の写真家が王宮の奥へ入っていって、いずれ閔妃を殺害するつもりで撮っておいた写真だとされているからです。しかも、王宮になだれ込んだ悪漢たちが手に手にこの写真を持って首実検《くびじつけん》をしながら閔妃を見つけ出して殺したことになっています。

倉山　すごい話になっていますね。しかし、不思議なのは、閔妃殺害の時、閔妃一人だけを殺して、ほかの女官は一人も殺していないんですよ。

宮脇　後宮には三百人ぐらいの女性がいました。一人が衣装を交換して「私が閔妃です」と言ったら、日本人にわかるわけがありません。当時は身分の差がありますし、替え玉になれと命じられたらそうするしかなかったでしょう。しかも、以前王宮で反対派に襲われた時には閔妃は逃げおおせています。それなのに、閔妃を見たこともない日本人の男が、こんな写真を持ってどうやって閔妃を見分けられるでしょうか。

倉山　わかるはずがありませんね。朝鮮人で手引きしたやつがいないわけがない。

宮脇　同じような中年の女性が同じ服を着ていたら、みんな同じに見えるでしょう。女官がちょっと服を取り替えたら見分けられるはずがないのに、閔妃だけを殺すことができた。ということは、閔妃の顔を知っている人間が、当然、首実検に入ったに違いないわけです。それは誰かといえば、大院君しかいません。

しかも、実際に王宮に侵入したのは、日本人が少なくて、あちらにいたゴロツキや朝鮮人が多かったらしいということも最近言われています。それはさておき、そんな写真だけで人を一人見つけて殺せるはずがないんです。ですから、これはもう朝鮮国内の、大院君と閔妃の間の権力闘争で、日本人の誰かが口車《くちぐるま》に乗ってしまったということでしょう。

倉山　のちの内務大臣の安達謙蔵《あだちけんぞう》は「私が実行犯です」と回顧録で自慢していますが、ウソに決まっていますね。公使の三浦梧楼というお調子者が朝鮮人の口車に乗ってしまった。

宮脇　三浦梧楼以下日本人の単独犯ではありえない。定説は何でもウソですね。それに、大院君が閔妃の死を大変喜んでいたらしいという裏話もあります。

倉山　なお、三浦は後に枢密《すうみつ》顧問官として日本政界の黒幕になります。

清とロシアの密約に対抗する

倉山　朝鮮半島で「露館播遷」のあと何が起きたかというと、当然、日露戦争（一九〇四年二月〜一九〇五年九月）です。高宗がロシアに国を丸ごと売ってしまったので、日本はやらざるを得なくなります。そして、日本が勝ったら、今度は親日派の李完用と、アメリカに媚びる連中が出てきます。

宮脇　日本が何のために日清戦争をしたかというと、朝鮮に外国が出てこないように抑えて、清朝にも朝鮮を独立の国として認めさせるためですよね。それなのに、朝鮮の元首みずから、ロシアを呼び込んだんです。軍港はつくらせるわ、森林伐採はさせるわ。一九〇〇年の義和団《ぎわだん》事件の時にロシアが満洲を完全に軍事占領します。一九〇二年に日英同盟が結ばれ、清とロシアは満洲還付《かんぷ》条約を結びます。イギリスが出てきて日本と同盟を結んで圧力をかけたので、表向きは満洲を返す約束をするんです。

倉山　大ウソですね。その気もないのに。

宮脇　もちろんそうです。一方、イギリスだけでなく、今度はアメリカまでが門戸開放を言い出します。ロシアは満洲から引き揚げなければならないけれども、その代わりに、今の北朝鮮のあたり、沿海州と陸続きのところを押さえようというので、朝鮮に手を出し始めるわけです。

倉山　満洲還付条約は露清密約とからめて見ないといけませんね。還付条約は建前で、結局守っていませんから。まず、第一次露清密約がいわゆる李・ロバノフ協定で、一八九六年に李鴻章が満洲を売り飛ばしてしまうんですよね。

宮脇　賄賂をもらって、清朝の領土である満洲にロシアが鉄道を敷いてもいいと約束しました。

倉山　そして、第二次露清密約が義和団の乱のあとでした。第一次密約の李・ロバノフ協定は、実は日米安保条約と地位協定を足したような内容なんです。まず第一条が「日本より来る侵略は……本条約の即時適用を必要とするものと認む」で日本を「仮想敵」としています。第二条が単独講和の禁止、そして、第三条が港湾使用、第四、五条が軍事行動の規定です。第四条は、被脅威地点へのロシア陸軍の接近と軍隊の糧食確保のために黒龍江・吉林省経由でウラジヴォストークまで鉄道を建設する。第五条は、第四条規定の鉄道を、戦時だけでなく平時にも自由に使用できる。

これでロシアは南満洲まで自由に軍を展開することが可能になりました。実質的に、満洲をロシアの勢力圏として容認していることになります。

宮脇　日露戦争の時に清は中立宣言をしますが、ウソばっかりで、実はロシア側だったわけです。

倉山　この密約が存在して、しかも実態がともなっているから、満洲からロシア軍が撤兵しないんです。それで日本は、朝鮮と鴨緑江を越えて満洲まで行って奉天《ほうてん》会戦（一九〇五年三月）になったわけなので、清が中立と言われても話が通りませんし、朝鮮だってロシア軍を国内に入れています。中立の実態がまったくともなっていないんですから、日本がそんなものを尊重する必要は全然ありません。

宮脇　日露戦争は、アメリカとイギリスが日本にお金をいっぱい渡して、「やってくれ、ロシアを抑えろ」というので日本人は戦ったのですよね。

倉山　今のをもう少し正確に言うと、当時の英米は犬猿の仲ですから、日本が英米それぞれと仲良くしていたんです。ただし、たまたま義和団の時に英米ともロシアに頭に来てしまったので、利害が一致した。部分協定（パーシャル連合）です。

そして、ロシアがいなくなると、朝鮮は親日派とアメリカに媚びようという派に分かれます。ちなみに、アメリカに媚びようとした工作員が李承晩でした。その時のアメリカが何を考えていたかというと、「桂《かつら》・タフト協定」（180ページ参照）で、日本がフィリピンを脅《おびや》かさないのであれば台湾より北は日本の勢力圏として認め、朝鮮はもちろん日本のものでいいと。アメリカの植民地になりたかったと言う朝鮮人が多いですが、どこにもそんなことができる条件がないんですよ。

宮脇　戦後の世界を見て、こうだったらいいなと思っているだけなんです。支配されるなら、日本よりアメリカのほうがよかったと言っているだけです。

日本人だったら、何か言えば、そのあと辻褄《つじつま》を合わせるために、まじめにいろいろなストーリーをつくりますが、それをしないのがあの人たちなんです。

歴史の本当の流れとか因果関係に何の興味もない。ただ、「こうであったらよかった」「これは嫌だ」「こうするべきだ」「だからそれを歴史にしよう」と。空想と、単純な「こうしたい」という欲望で、日本の痕跡《こんせき》を全部消そうというだけですから、「辻褄が合わなくたって、そんなこと知るものか」という人たちですよ。

倉山　中国も韓国も、歴史教科書に日露戦争の話なんか、ろくすっぽ出ませんからね。反日的な記述どころか、日露戦争そのものへの記述がありません。

宮脇　日露戦争という名前もないですから。中国の教科書なんか「甲辰戦争《こうしん》」といって、十《じっ》干《かん》十二支の年号だけなんです。

倉山　今の韓国の教科書はいちおう「露日戦争」と呼んでいますけどね。自分たちの運命に無関心すぎます。

明治四十年という節目《ふしめ》

倉山　本書は、実は日本人批判の本です。当時の李氏朝鮮とか清朝末期を見ると、今の日本そのものですよね。

宮脇　昔あんなに立派な人たちがいたのに、本当になぜなのかと思いますね。やっぱりこれは何かの謀略か、と。

倉山　それは明治四十年（一九〇七）という年がすごく大きくて、幕末以来の緊張がなくなり、その一番上にいる伊藤博文と山縣有朋《やまがたありとも》が本気のケンカを始めてしまうんです。私の師匠の鳥海靖《とりうみやすし》先生（東京大学名誉教授）は、このケンカが本気なのか、ある一線でとどまっているのかということを今でも研究していらっしゃいます。帝国憲法史の研究者の瀧井一博《たきいかずひろ》氏も、やっぱり明治四十年という年が大きいということをおっしゃっています。

日露戦争に勝利し、ポーツマス講和会議後の元老と政府と軍の首脳全員がロシアの復讐戦を恐れているんです。朝鮮だけでは不安だから南満洲まで取って、ここで守らなければいけないという危機感があります。ところが二年後の明治四十年に日英同盟と露仏同盟がくっついて四国協商になり、この年は「協商の年」と言われます。ロシアの目がバルカンに行ってくれたので、十年間は復讐戦を考えなくてよくなるんです。

それで安全保障上の問題がなくなったので、緊張の糸がプツンと切れてしまいます。それからは、陸軍はロシアを仮想敵にして予算をよこせ、対抗して海軍がアメリカを仮想敵にして予算をよこせと、今につながる官僚機構のセクショナリズムの暴走が始まります。それをまとめる伊藤博文と山縣有朋がそれぞれについてケンカして、漁夫《ぎょふ》の利で勝ってしまったのが政友会《せいゆうかい》を率いる原敬《はらたかし》なんです。

宮脇　わかります。とにかく日露戦争のあとでいろいろなことが一気にどんどんおかしくなるとは思っていましたが、一九〇七年なんですね。

倉山　そうです。その年がとても大きい年です。帝国憲法の条文はそのままで、運用を変えていくことによって事実上改正していくような動きが出てきます。「シビリアン・コントロールをきっちりしよう」という伊藤と、「もっと統帥権を独立的にさせよう、政党政治家に軍事をいじらせてはいかん」という山縣の路線があり、対立します。それぞれに正論なのですが。

宮脇 順境ほど人間にとって怖いものはありません。逆境で頑張って、「まだいけない、まだいけない」と、それこそ司馬遼太郎《しばりようたろう》の言うように「坂の上の雲」の間はいいけれど、それが一切なくなった中でもちゃんとやっていくということは、人間にとって非常に克己心《こっきしん》が要《い》ることなんですよね。

倉山 ひとことで言うと、尚武《しようぶ》の気風が失われる。平和ボケしてしまうんです。みんな昭和二十年八月十五日から敗戦日本が始まったと思っていますが、負けるような原因があるんですよ。それが明治四十年の平和ボケから始まっています。

一方で民主化を急いでやりすぎて昭和初期に大失敗します。日露戦争に勝ったので日本もデモクラシーをやろうというので、大正政変になってしまうんです。そして、大正政変は、みんな忘れていますが、実は朝鮮問題でした。二個師団増設するかどうか、朝鮮半島をたった二万人で守れるかと、そこから始まっているんですよね。

宮脇 日本の政策の誤りはすべて朝鮮半島の問題が発端《ほったん》です。日本でなら上手く行ったことでも、相手が朝鮮なのでぜんぶ的が外れて話が違っていく。すべて結果がずれていって、そのせいで大陸に出て行く破目《はめ》になる。

倉山　自由民権運動の連中が、おかしい。「朝鮮人が戦争に勝ったらこうなるだろう」みたいな調子で乗りまくりで、その系譜がアジア主義者です。日本人が反省しなければいけない点がここにあります。政府の元老たちはリアリズムがわかっていますが、あぶれた連中が、「日本・朝鮮じゃなくてアジアだ」と言い出す。「長州・薩摩じゃなくて日本だ」の感覚で。アジア主義者は、右翼でもなんでもなくて、左翼なんですよ。

宮脇　そう、日本の右翼は左翼です。自分たちは違うと言っているけれど、やっていることが完全にそっくりです。自分たちが本当に何かをするわけではない人たちが、大言壮語《たいげんそうご》を吐いて無責任なことを言う。

倉山　当時の朝日新聞なんか、すごいですからね。「朝鮮を取るのは当然だ、政府は弱腰だ」と。

一方、朝鮮は義兵闘争を三千五百回以上もやっていて一回も勝っていない。日本はたかだか二万人で朝鮮半島を全部守っていたのに、負けた自分たちを反省しろよ、という話になってしまいます。本当に一回も勝っていないですからね。

宮脇　あの人たちには反省ということがないから。

倉山　負けた反省がないですものね。

我が国も自己反省すると、日清戦争の時もそうなのですが、自由民権運動の人たちがとにかく対外強硬論を煽《あお》りまくるんです。日清戦争の時は、伊藤博文が「元勲《げんくん》総出内閣」に枢密院議長の山縣有朋まで閣議に呼んで、衆議院の解散と日清開戦を同時に閣議決定していますが、日露戦争でもまったく同じ構図です。政友会に衆議院で楯突かれると困るので、桂太郎《かつらたろう》が話のわかる西園寺公望《さいおんじきんもち》と「ニコポン政治」（ニコニコ笑って肩をポンと叩いて手なづける政治手法）をやって「情意投合」する。政友会が利権をバラまいてもかまわないから、どうか戦争に協力してくれと。

その利権のバラまきかたもすごくて、桂は大陸や半島に合わせて広軌《こうき》の鉄道を敷きたかったのに、原は利権をバラまきたいのでさっさと敷ける狭軌《きょうき》でやると言います。それではレールの幅が内外で一致しないのですが、頼むから戦争に協力をしてくれという話になります。

宮脇　歴史に対して真摯《しんし》にならねばならないのは、日本人が道を誤ったら、それは日本人のせいだということです。日本人全員がそんなに賢くなるとは思えないので、今後もし日本がダメになったとしても、はっきり言って、私はやっぱり身から出た錆《さび》だと思います。

4章　つくられた「日帝強占《にっていきょうせん》」の歴史（一九一〇〜一九四五年）

日韓併合までの流れ

倉山　「露館播遷」から戻ってきた高宗が、一八九七年、清国から独立し、大韓帝国を名乗ります。今の大韓民国はこの国号を継いでいるんですね。大韓帝国は、一九一〇年の「日韓併合」まで続きます。

宮脇　一九〇四年二月、日露戦争開戦直後に結ばれた日韓議定書の内容は、「一、韓国政府は日本政府の施政改善の忠告を受け入れる」「二、日本は韓国皇室の安全を保証する」です。

そして、一九〇四年八月に「第一次日韓協約」が結ばれています。内容は、「日本政府の推薦する日本人一人を財務顧問にする」「外国人一人を外交顧問にする」「韓国の外交は日本が担当し、施政を監察する日本人駐箚《ちゅうさつ》官を設置する」というものでした。

倉山　外交的にロシアと勝手なことをするなという、その一点ですね。その代わり、慈善事業として韓国に近代経済を持ち込んでやるという話です。

宮脇　はい。それで、一九〇五年五月に日本海海戦で日本がロシアに勝利し、七月に「桂・タフト協定」（外務大臣を兼務していた桂太郎総理大臣がアメリカの特使タフト陸軍長官との間で交わ

清朝からの独立を記念して建てられた石造の独立門。この門が建てられた当時の周辺は、103ページの写真のようであったが、その後日本に併合されると、上の写真のように都市化された

した覚書。日本の韓国支配、アメリカのフィリピン支配をそれぞれ確認した）が結ばれています。

同年十一月が「第二次日韓協約」、別名韓国保護条約といいます。内容は、「一、日本の統《とう》監《かん》が韓国に駐留する」「二、韓国と列国の外交は東京で行なわれ、韓国の在外外交機関はすべて廃止する」です。そして、まもなく初代統監の伊藤博文が京城（ソウル）に赴任しました。

倉山　この条約の締結時、王宮の近辺で日本が軍事演習を行なっていたから無効だと韓国は主張しています。朴正熙も、戦後の日韓条約で、「すでに無効になっている」という表現で確認しています。当時から、無効だったかどうかは双方で解釈できるようにしてあるということですね。ちなみに、国際法的に言うと、これで第二次日韓協約を無効にするのであれば、日米和親条約も無効です。

宮脇　一九〇七年六月、韓国（大韓帝国）皇帝高宗が、ハーグで開催中の万国平和会議に密使を送って日本を非難し、列国の支持を求めるという事件を起こしました。しかし、すでに日本と協定や条約を取り交わしているイギリス、アメリカ、オランダは韓国を相手にせず、ロシアも動きませんでした。一方、高宗の背信行為に怒った韓国統監《とうかん》の伊藤博文はこの責任を追及し、七月に高宗を退位させました。その月に「第三次日韓協約」が結ばれます。

第三次日韓協約には、「韓国政府は法令制定・重要行政処分・高等官吏任免に日本人統監の承認を必要とする」ことが盛り込まれました。ここから、日韓両国人による裁判所新設、監獄新設が行なわれ、日本人多数が韓国官吏に任命されるようになります。八月に「韓国軍隊」が解散され、抗日反対運動が起こります。

倉山　韓国軍隊と言っても、そもそも正規軍ではなく、テロをやっている人たちですからね。こうして徐々に韓国を属国化していった。

宮脇　一九〇九年六月、伊藤博文は韓国統監を辞任しましたが、そのあとの十月にハルビンで安重根《あんじゅうこん》（アン・ジュングン）に暗殺されました。実は安重根のものではない弾丸が発見されたという話を『歴史通』二〇一〇年七月号で若狭和朋《わかさかずとも》氏が記事にしています。つまり、角度がおかしいというのです。安重根も撃ったのですが、実際に致命傷となったのは、駅舎の二階から狙われた弾丸だったという話です。

倉山　昔からそれを言う人はいるんですよ。

宮脇　みんなそばに付いていて、見ていましたしね。もちろん二階の犯人は姿を消し、伊藤を殺したのは安重根だったということになっています。

翌一九一〇年五月、寺内正毅《てらうちまさたけ》大将が韓国統監になり、八月に日本による韓国併合、朝鮮総《そう》督府《とくふ》設置という順番です。くり返しますが、朝鮮の外交はめちゃくちゃで、最初からあっちにつき、こっちにつき。そして日本が嫌いでした。

倉山　ロシアがいなくなったら、アメリカに媚びようとしていますからね。日本は徐々に徐々に韓国を併合していったということです。

宮脇　ただ、朝鮮は誰にとっても土地としての魅力はありませんでした。欧米列強にしても、そこから利益を生み出す植民地経営ができるような場所ではない。ただ、唯一ロシアから見れば、不凍港を手に入れられる場所ということで地の利があったんです。日本人よりはロシア人にとってのほうが利益が高かったと思います。

倉山　お互いに相手に取られちゃ困ると、ただそれだけです。

宮脇　今頃になって「あんなところ領土として魅力がなかった」と言うロシア人研究者もいるらしいですが、その頃はそうとは思っていないわけで、南下政策でいろいろなことをしています。

おかしな通説がまかり通る

倉山　『「韓国併合」100年と日本』（吉岡吉典著　新日本出版社　二〇〇九年）という本に「韓国を巡って日本とアメリカが対立していた」と書いてあるんですよ。

宮脇　その当時？　桂・タフト協定をどうしてくれるんでしょう。

倉山　「高平《たかひら》・ルート協定」（日米間で一九〇八年十一月時点の領土を互いに認定した）って何でしょう。幻ですか」と言いたい。こんな研究ばっかりなんですよね。

宮脇　『「日本の朝鮮統治」を検証する』（ジョージ・アキタ　ブランドン・パーマー　草思社　二〇一三年）は良い本で本当に感動しましたが、この六十年間、みんなずいぶんひどいことばかり言ってきたものです。誰が何をどんなふうにウソを言ってきたか、明らかにしてくれています。今の「従軍慰安婦」どころではなく、最初からまったく結論ありきで、とにかく軍人が統治するからには軍国主義で、威張って悪かったに違いないとか、そういうところからしか見ていない。これまでの研究は、自分の都合のいいものだけ探す結果主義なんです。

倉山　最近の日本人と韓国人の研究者は、日米対立をことさら極端に言うことによって、朝鮮には日本の植民地になる以外の道があったかのように強調する傾向があります。

宮脇　朝鮮も中国も、今の日本もそうですが、ジョージ・アキタさんが言っている民族主義史観というのは、いつだって結果から歴史を書こうという精神です。現状を、何とかより長くさかのぼって、なるべく古いところに根拠を持っていくというのがマルクス主義者の歴史観です。だから、いまだにアメリカが強くて、アメリカと一緒のほうが幸せだと思っている人たちは、うんと古い時代のアメリカとの関係を拾い上げようという、そういう意識で過去の出来事を見るんです。

倉山　もう一つ、「南韓討伐大作戦」などというものを考えなければならないくらい朝鮮義兵闘争が激しかったのだ」と、やたらとそこを強調するんですけど、三千五百回も義兵闘争をやっていて一回も勝っていないわけですから、今の中国の暴動と一緒です。しかも、日本は朝鮮半島全部を二万人で守っています。

宮脇　つまり、言うほどのものはなかったということです。現状からさかのぼって都合のいい根っこを探しても真実は見えなくて、その当時に立ってみたら日本の統治のほうがいいと思っている人たちが、全体の割合からすると相当いたということなんですよ。反乱はあったかもしれませんが、その人数の割合やニーズをちゃんと見るべきです。

すけれども。

倉山　『韓国近現代の歴史』（韓哲昊他　明石書店　二〇〇九年）では、義兵闘争によって、一万六千人の死者、一九〇七年八月から九年末の間に三万六千人の負傷者が出たと書いてありま

宮脇　全然本当じゃありません。

倉山　「それだけ治安が悪かった」で終了です。「闘争」と言いますが、単なる犯罪です。この本では「戦闘の規模からしても、まさに戦争と呼ばれ得るものであった」とありますが、戦争の意味を知らないいんじゃないですか。どこから見ても、北朝鮮の歴史観に基づいて書かれている本です。

宮脇　第一、日本の駐屯部隊はそんなにいません。アメリカ大統領ウィルソン（第二十八代）が焚《た》きつけたせいで、朝鮮全土を挙げて起きた「三・一独立運動」（一九一九年）の時ですら、死者は五百人以下でした。逮捕送検が一万二千人で、三千人が不起訴により釈放されました。六千人が起訴されて、結局、一人も死刑になっていません。有罪判決は受けていますが、死刑どころか、無期懲役になった者も、懲役十五年以上の実刑もいません。懲役三年以上が八十名です。このジョージ・アキタさんの本は、こういうちゃんとしたデータをたくさん出しています。

よくもまあ、併合前に万単位の死者が出たなんて、そんな数字をヌケヌケと出すものだと思います。でも、韓国は本当によくいいかげんな数字を出すんですよ。

『韓流時代劇と朝鮮史の真実』でも言いましたが、李氏朝鮮時代の膨大な正史である『朝鮮王朝実録』を一冊本にしたものが日本で翻訳が出ています。〝抄訳《しょうやく》〟とも言わずに、『朝鮮王朝実録』という題で一冊にして出しているんです。まずそこで騙しているわけですよね。

しかも、日本での翻訳版の後ろには、「韓国で十五年で二百万部売れた」と書いてあるんです。韓国の人口を考えたら、二百万部なんてとんでもないでしょう。

また、『朝鮮王朝実録』は李朝五百年分で千九百六十七巻もあるんですが、日本が行ったあとの五年間、つまり、『高宗実録』と『純宗《じゅんそう》実録』は〝実録〟に含めないんです。「どうせその時期のことは日本人がいたから、日本に都合よく書かれているに違いない」というので、国宝指定からも除去したといいます。すごいですね。

倉山　日本にしてみれば、日露戦争のあとで金がなくて軍隊が置けず、二万人で朝鮮半島全部を守れと言われて大変ですよね。『韓国近現代の歴史』によると、いちおう南韓大討伐作戦計画が実行されたことになっていますが、このあたりは、やはり全部北朝鮮の史観で書かれていることを強調したい。戦闘回数千四百五十二回、参加義兵数六万九千八百三十六名とか、誇大妄想にも程があります。

もしこれが本当なら、「ものすごい数の義兵闘争をやったのに、軽く日本軍に鎮圧された」と、平たく言うとそういうことですね。

朝鮮統治はずっと日本の持ち出しだった

倉山　当時の韓国の人口が三千万人ぐらいです。日本からは、兵士二万のほかに官僚が行くようになりました。一九一〇年、日本人警察官が二千二百六十五人、朝鮮人の警官を含めると合計五千六百九十三人でした。朝鮮総督府の官僚数が一九一三年の段階で一万四千人です。緊縮予算の中で朝鮮全土を統治せよと言われるので、日本は苦労していました。

宮脇　朝鮮総督府はずっと赤字で、一九三〇年代など、毎年、当時のお金で十億円の赤字が嵩《かさ》んでいっています。インフラにいっぱい金を注ぎ込んでつくりまくっていましたしね。

倉山　全然植民地になっていない。搾取《さくしゅ》するどころか、持ち出しなんです。朝鮮にインフラをぶち込み、陸軍は数がそんなに回ってこない。海軍は海軍で「八八艦隊計画」（戦艦八隻と巡洋戦艦八隻を装備する）を始める。そして原敬が鉄道を敷きまくり、政友会がむちゃくちゃやっていました。そういう中で、朝鮮総督府はとても貧乏だった。

宮脇　そう、ずっと借金でやっていました。ひたすら日本は朝鮮に資金を投下して。

倉山　本土よりも朝鮮に投資していましたね。

宮脇　日本人官吏の給料も日本政府が出しているんです。終戦まで、小学校の先生の給料も日本が出していました。私の同級生のお父様が、終戦の時、京城《けいじょう》（ソウル）帝大に通っていた方なのですが、親御《おやご》さんとお兄さんの給料記録、出張記録、昇給記録などをソウルに探しに行っても何もなくて、戦争で焼けたのかと思ったら、全部東京にあったそうです。

日本だったら、小学校・中学校は地方政府の管轄でしょう。県ではなく、町や市ですよね。朝鮮では県に任せるということも無理だったので、初等教育から何から全部日本が面倒を見ていたということです。日本からはインフラ付きで、商売人だけでなく、鉄道、技術、工場などで働く日本人が朝鮮に行っていました。

倉山　そして、みんな忘れていますが、北のほうに先に投資しているんですよね。南は農業中心で、北を工業地帯にしていた。

宮脇　そうです。北はとにかく気候が悪くて農業生産を改善するのは難しいので、工業開発

京城（ソウル）の「朝鮮人町」。日韓併合以前には、市街地も一部をのぞいて写真のような草葺きの民家が立ち並んでいた

日韓併合後の京城中心部。西洋風の大きな建物と瓦屋根の民家が並び、道路も舗装されている

と、満洲への足場ということもありました。

終戦時は、金日成は北半分が自分たちのところにあり、南は工場も何もないので武器も製造できないからすぐ勝つと思っていたんです。日本のインフラは、水力発電などもほとんど北に投資していました。

倉山　南が貧しい独裁政権で、北が「地上の楽園」は言い過ぎでも、南に比べて豊かだったというのは、あながちウソではなかったのですが、それを二十年かけて金日成が全部ぶち壊した。

宮脇　満洲だって、日本が投資していたから中国大陸で一番近代化が進んでいて豊かでした。北朝鮮には石炭や天然ガスもあり、大規模な水力発電もありました。

倉山　朝鮮半島は急速に近代化していって、日本の大正時代には、女子テニス全国大会をやっています。

宮脇　平壌なんて、夜のネオンの中、市電が走っていましたしね。南は農業地帯で、ハゲ山になっているところはちゃんと木を植えたりしています。木を切ってまる裸になっていたのを、植林して地味を上げて。

倉山　植林の習慣を教えたのは日本人なんですよね。

宮脇　満洲は新開地なので、本当に開拓を含めてインフラ整備のために投資の必要がありました。それにひきかえ、朝鮮は歴史が古く地方ごとに細かく分かれていて、もともと満洲に比べたら人間の数が多いのです。朝鮮については、日本のお役所の人間が入って、国家的に日本の税金で統治したというイメージが強いです。とても利権にならないということです。

日本人は一攫千金《いっかくせんきん》で現地に投資して、儲けを自分のポケットにいっぱい入れるというのは非常に少なかった。唯一満洲はそういう場所だったので、大倉《おおくら》財閥のようにがっぽり儲けて帰ってきたところもあるけれど、朝鮮ではそれは無理だと思います。

倉山　今のお役所でも、儲からないところを自分の天下り先として利権にしている役所がいっぱいあるじゃないですか。朝鮮はそれと一緒です。つまりは、巨大な箱物だった。

宮脇　なるほどね、人間を吸収しますからね。国家公務員の人数はどんどん吸収できるでしょうね。村から何からものすごく細かくありますから。小学校、中学校まで、先生は全部国家公務員でしたから、日本人の行き先、就職先の需要としては大きな土地です。

倉山　今の話の大前提として、当時の日本は今とは逆で、人口が多すぎて困っていたので外地にどんどん出していた時代です。朝鮮ではその分では得だったということです。余剰人口を世界中に移民として送り出していた時代なので。

宮脇 とくに国家公務員系の人たちがおおぜい行ったのね。だって、朝鮮でがっぽり儲けた人というのはあまり聞いたことがありませんもの。

一方、朝鮮の行政機構では、道知事も含めた上のほうまで朝鮮人も採用されています。外地といっても法的には日本人なわけですから。

しかも、けっこうな人数の元両班を日本と同じような形で華族にしましたしね。向こうの皇族にこちらの皇族がお嫁に行ったりしました。本当に合邦《がっぽう》で、上から下まで教育は行き届くし、デパートはできるし、学校はできるし、橋や鉄道はできるし、朝鮮人は、いい目を見ているんです。

倉山 陸軍中将にも、貴族院議員にもなっていますね。そこで日本人がカン違いをしていたのは、李氏朝鮮王朝などというのは朝鮮人の象徴でも何でもないことです。今で言うと、北朝鮮を滅ぼしたあと、金一族を優遇するようなものです。

宮脇 そうなんですよ。李朝皇族を優遇されたって、みんな少しも嬉しいと思わなかったというところが日本と違います。少し前の韓国の歴史ドラマ『宮《クン》』では、もし王族が残っていたらというのはありましたけど。

倉山 せいぜいそんなレベルで、いまだにまじめな李氏朝鮮復興運動なんて一つもありません。李氏朝鮮と金一族だったら、まだ金一族のほうがマシというレベルで、これが抜けているから、朝鮮のことがさっぱりわからないんです。そんな奴らを優遇して誰が喜ぶんだという話です。

宮脇　朝鮮の両班はみんなをいじめたので、その記憶がすごく残っています。本当にひどいいじめ方をしたんですから。社会の格差とか、見下す考えとか、そういうことが日本人はわかっていませんでした。

世界は、日本の朝鮮・南満洲経営を認めていた

倉山　学界の皆さんがやたらと強調する日米対立や国際関係に関して、今の歴史学界の通説では、この時代で重要なのは、まず満洲なんです。すごく部分的な話になりますが、日露戦争のあと、「日露 対 英米」の対決になっていったと言うんですよ。

宮脇　満洲で「日露 対 英米」ですか？

倉山　日本史だけ見ていると満洲が世界のすべての中の最大の関心事だと思い込んでしまう

のでしょうが、日本とヨーロッパとアメリカとでは優先順位が違うに決まっているんです。それなのに、日本史しかやっていない日本人が、満洲が全世界の注目のイシューだと言ってしまう。

宮脇 本当に日本史は日本の中からしか外を見ない。「日本 対 外国」というように。今でも、外交官も政治家もほとんどそうです。やっぱりそういう人には世界の広さがわからないし、実感が全然ない。自分がこうだから周りもそうだろうと思っていて、しかも、鍵と鍵穴みたいに反対側から見ることしかできない。

倉山 当たり前の話ですが、〝狂人〟ウィルソン（第二十八代アメリカ大統領）を含めて、第一次世界大戦が始まる一九一四年まで、朝鮮問題がアメリカにとって重要問題だと思っているような大統領はいません。

宮脇 だいたい、朝鮮問題なんてものは本当に最後の最後ですからね。それが朝鮮人、韓国人にはわからないんです。

倉山 日本人もわかっていません。朝鮮・満洲なんてもう日本の縄張りなんだから、そこにちょっかいを出して本気で戦争しようなんて、テディ（セオドア・ルーズベルト）もタフトも考えていなかったのに、日米対立をさんざん煽っているんですから。

一方のロシアは、日露戦争で押し返されて東アジアでの勢力圏が確定したため、バルカン半島のほうに向くようになります。

宮脇　南満洲はもう日本に譲って放棄したわけですから、ロシアはシベリアと北満洲だけになり、ヨーロッパに勢力を傾けるようになったわけですね。

倉山　そもそも何でロシアがこちらに来たかというと、ドイツのヴィルヘルム二世が、露仏同盟に挟まれたら自分が滅びるので、ロシアがバルカンに来ないように、満洲に餌《えさ》を投げ与えた、つまり意識を向けさせたからです。ところが満洲で日本が押し返してしまったので、やっぱりバルカンに戻ってきてしまったということです。

そして、一九〇七年から十年間は、日本だけが常に安全地帯にいることになります。何が起ころうと日本は滅びない状況になったんです。

なぜかというと、一九〇七年にロシアの満洲に対する復讐戦がなくなるんです。この年に「第一次日露協約」が結ばれて以降、日英同盟と露仏同盟が結びついて〝四国協商〟になりました。しかも、英仏露の三国協商がドイツとハプスブルク帝国を包囲していました。包囲している英仏露全部と日本は結びついています。朝鮮からすると、清もロシアも日本に負けたので、頼みはアメリカだと思ったところで、日本は桂・タフト協定、高平・ルート協定でアメリカを抑えこみます。

朝鮮は国際政治が見えていないし、見えるはずがない。アメリカに頼ろうとしていますが、当のアメリカは実は日本を強いと認めているので、「一八九八年に米西《べいせい》戦争で取ったフィリピンを日本が脅《おびや》かさない代わりに、日本が日清戦争で取った台湾とこれから取る朝鮮を日本が好きにするのを認める」というのが高平・ルート協定です。日米関係はかなり友好的です。

アメリカが朝鮮に介入してくる可能性はゼロです。

宮脇 そこでアジアは、いちおう落ち着いたわけですね。こうして朝鮮は完全に日本の勢力圏になったということですね。ここからは、日本がどのように経営したかだけの話になります。

「世界史上最も過酷な植民地支配」の実態

宮脇 ジョージ・アキタさんの本では、日本の朝鮮経営で「武断政治はなかった」とはっきり書いていますね。

倉山　「何ですか、それは」ですよね。

宮脇　武断政治というのは名前だけです。当時からすでにマルクス主義が東アジアをも席捲《せっけん》していて、軍人が総督になったから武断政治だというだけの、悪口を言うための言葉です。前から言っているように、日本は江戸時代から軍人、つまり武士は文武両道で、武士は文官でもありました。軍人といえども、シビリアン・コントロール下にあり、ちゃんと統治ができたんです。文官としての軍人の伝統は、徳川時代の遺産です。

そして、なぜ軍人さんが朝鮮に行くのかというと、まず平和と安寧のため、治安を良くすることがスタートには必要だからということだし、日本の国内政治でも武士出身の人たちが県知事になったりしているんですから、朝鮮総督も日本の軍人だったというだけのことです。もともと朝鮮は決して治安がいいわけではありませんでしたし。それだけの話です。武断政治という言葉は、統治の内容には依拠していない。

軍人だから軍国主義者だと言うのは、最初からとにかく結論ありきなんですよね。日本では、政治家が軍人だからといって国民は誰も文句を言わないでしょう。立派なことをしてくれればいいので、軍人だからということだけで非難はしません。

朝鮮に対しても同じことをしただけなのに、朝鮮では武というものに対してものすごく評価が低くて、軍人だから人殺しをするというようなイメージしかありません。武官の地位は文官より低い。長年の自分たちの儒教の中でしか考えないから、そういう批判をするんですよね。

軍人なんかに一番上に来られてバカにされた。内容ではなく、これだけのことです。

倉山　歴代総督のうちで初代の寺内正毅と二代目の長谷川《はせがわ》好道《よしみち》は武断政治だという点については、日本国内でも当時から批判があることはあるんですが、揉め事が嫌いな日本人が言っているだけなんですよ。伊藤統監の時代から三代続けていつまで何をやっているんだと批判されながら、緊縮財政で今の自衛隊並みの悲惨な環境でやらされているわけです。今のイラクほどではないにしても、朝鮮にもゲリラみたいなことをやる連中がいましたから、当然武力討伐が必要でした。

どうしてそういう状況になるかというと、植民地を持つというのは当時ステータスだったので、日本は植民地を持ってはしゃいでいるという側面もあるんです。それで、日本人が朝鮮人の上だ、みたいな感覚が一つある。

もう一方で、植民地にすると言いつつ、「朝鮮人を日本人にしてやろう」という同化政策があり、これが植民地化とは整合性がないわけです。文治政策への転換というのは、朝鮮人が大和民族とは違う民族だと認めて、「大和民族中心の大日本帝国の中の朝鮮民族」として扱い、広範な自治を将来的には与える方法でよかろう、というものなんです。

朝鮮総督は最初は軍人職ですが、のちに総督府令で文官職に変えています。とはいえ、結局生粋《きっすい》の文官でなった人はいませんでした。韓国の近現代史の教科書では全員軍人だったと書いていますが、正確に言えば二回目の斎藤実《さいとうまこと》（第三代に続く第五代）は予備役なので軍人ではありません。おそらく韓国の人はそのあたりをわかっていないと思います。さすがに日本人研究者はわかっていますし、『韓国近現代の歴史』で明石書店も注釈を入れていますが。

なぜ陸海軍の軍人か予備役しか総督になっていないかと言うと、「総理大臣見習いポスト」なんです。軍の中で将来総理に育てたい人を朝鮮総督として送り込む。普通の一国と同じ場所を統治できたら見習い修業を終えたことになるので、総理大臣候補として将来陸軍や海軍から出していくということです。だから、歴代総督から総理大臣になっている人がかなりいます。

宮脇　韓国のことを、それだけちゃんと重きを持って見ていたということです。

倉山　そうなんですよね。台湾でも満洲でも同じことをやっていました。超一級の人材を送り込んでいました。

宮脇　同化政策についても、日本人並みのことを向こうが求めるんだったら同じようなことをしてもらわなきゃ困る。だから、選挙権まで将来ちゃんと同じようにするということを目標として動いていたということです。もちろん急には無理ですが、同化というのは、そういう意味で〝日本人並み〟にするということです。朝鮮語も最後まで通用していましたから、「文化を奪った」という見方自体が歪曲《わいきょく》です。「日本人並みにしろ」という向こうからの要請に応《こた》えたものです。

一九四五年の終戦の時にも、日本語がわからない人がいるからということで、両国語でアナウンスしています。朝鮮の風俗も大事にしていましたし、日本人は別にそんなことにこだわって咎《とが》めたりしていません。

国内で民族運動が激しく行なわれていたというのも、あとで自分たちを正当化するためのウソですね。

ジョージ・アキタさんによると、一番上の人たちは日本人になることをとくに喜んだそうです。日露戦争以後だから、元両班とか知識人階級は、日本人になったら即「世界で一番の

京城の朝鮮総督府

朝鮮総督府本館の美しい大広間

1996年、それまで保存されていた旧朝鮮総督府の建物は、金泳三大統領の命によって完全に破壊された。後方に見えるのは景福宮勤政殿の屋根。総督府跡には、景福宮の正門だった光化門が再建された（写真　共同通信社）

部類」に入れるわけですから。下層の人たちも教育は受けられるし、ちゃんとした社会的な保障を受けられるので喜んだとあります。これは特筆すべきことですが、日本の統治下ではあの長い間に餓死がなかった。

アフリカとか東南アジアとか、だいたい植民地はみんなひどい掠奪を受けて、インドでもどこでも餓死者が多かったですよね。中国大陸でも多くが餓死しています。ところが、日本による統治の間、朝鮮では餓死がない。

倉山 ジョージ・アキタさんの本の結論の章のタイトルで「九分通りフェアだった」と言っていますが、残り一割は何だと言いたいですね。

宮脇 「精神の問題」と「気持ち」ですって。「九分」というのは翻訳で、原文の英語ではalmost fair なんです。あとがきのところに書いてありました。何で九分にするんですかね、日本語を。

倉山 誤訳ですよね。「一割さえ不公平なことは、やってないぞ」と言いたい。原文どおり「ほとんどフェア」なら意味が通じます。

宮脇 それで、上層と下層は喜んでいて、真ん中の一部が跳《は》ねっ返りということなんですが、この跳ねっ返りというのは、社会主義者なんです。外国のそういうやつらに踊らされて動いたので、一九一九年からがひどいんです。
共産主義運動がものすごく入ってきて、朝鮮人は日本人ではないという民族主義を焚《た》きつけた。その工作がそれはもうよく働いたんです。
倉山　一九二二年にソ連という連邦国家ができていますからね。きっかけはウッドロー・ウィルソンという極悪人ですね。それは『嘘だらけの日米近現代史』（扶桑社　二〇一二年）でも書いたとおりで、ウィルソンが世界中のテロリストと分離独立運動論者に勇気を与えてしまったんです。朝鮮人の活動家は大はしゃぎして、よくわからない臨時政府がいっぱいできてしまった。何をやっているわけでもないんですけど、結局〝政府ごっこ〟をやっているのです。
宮脇　お金が来るから名乗りを挙げただけです。今だって、独立したいと言うとお金をくれる人がいます。反体制だと言っただけで外国からお金が来る。そういう動きの中に巻き込まれるんです。だから、一国だけの問題ではなくなって、世界同時共産革命の中で動く人が出てきたというふうに私は思います。
倉山　その世界同時共産革命を煽ったのもウィルソンです。結局、レーニンというのはウィルソンが生み出した〝鬼っ子〟なんです。鬼っ子というか、正統の嫡子《ちゃくし》か、どっちかわからないですけど。

宮脇　さっきの一九〇七年から九年の間に多数の死傷者が出たというのは北朝鮮のでたらめな数字ですが、併合前の反発の暴動と、一九一九年からあとの確信犯的な転覆活動は別物で、金の出処《でどころ》も別ですよね。

倉山　併合前のは現地ゲリラです。両班が金をやっている単なる暴動で、はっきり言って一揆の出来損《できそこ》ないみたいなものでしたが、一九一九年以降は、これはもうはっきりコミンテルン主導です。

そして、歴代総督の中で第二代長谷川好道《はせがわよしみち》一人がものすごく悪者にされています。通説では、第三代斎藤実が文治政治に転換した良い人で、その前の長谷川は元参謀総長で、無能な武断政治をやって朝鮮人をいじめたひどい奴だと言うんです。

しかし、初代の寺内が一九一〇年から一六年までやっていたあと、長谷川というのはそんなひどいことをやっていたのかというと、人口だけでもどんどん増えています。

で、それに比べて警察官はどうかというと、一九一〇年から四四年まで警察部長、つまり県警本部長が十三人で一定です。警視の数は、日本人が三十人から九十四人に増えているのに対して、朝鮮人は十四人から九人、日本人警部は百六十七人から四百九十七人ですが、朝

第2代朝鮮総督・長谷川好道。在任中の1919年に三・一独立運動が起こる。その平定に軍を動員したことを武断政治と批判され、原敬内閣によって更迭された。ただし、長谷川の政務手腕は高く評価されている
（写真　国立国会図書館）

鮮人は百一人から八十七人。そんなに劇的に増えているなんていうことはありません。人口に合わせて推移しています。そして、憲兵隊そのものは廃止しています。

この憲兵隊を廃止したということが文治政治と評価されているのですが、イラクほどにはいかないまでも、僻地ではそれに近いような状況で戒厳令を敷かないだけマシだった。そういう状況で憲兵がいなかったらどうするのか。

そもそも、長谷川の前の寺内だって、そんな無能な統治をしていたら総理大臣になれないじゃないですか。今と違って、衆議院が同意しなかったら総理大臣になれない時代の最後の藩閥政府だったんですから。

ということで、歴代総督にそんなにひどい人はいません。とくに、長谷川さんはそんなひどい人ではない。

宮脇　ジョージ・アキタさんの本では長谷川好道のことをけっこう褒めています。三・一運動のあと、ひどい取り締まりなんかしていないという実証的な研究がこの本の第四章にあります。逮捕者と死傷者の数がちゃんと出ています。一万二千人逮捕して、死者が五百人です。さっきも言ったように、誰も処刑されていないし、無期や長期刑もいませんでした。

世界的に民族運動というようなものが一世を風靡《ふうび》して、煽《あお》られて全国的にワーッと広がったのに、それでも処刑が出なかったということです。三・一運動以後、「朝鮮人は朝鮮人なんだから、そんなに急いで日本人のようにするのは無理だ」という方針になったというのは確かですが。

この頃、東学党が天道《てんどう》教に改称しているんですが、その天道教に対してもずいぶん穏健です。天道教信者が三・一運動に参加し、その結果教団は重要な役割を果たすことになりました。ただし、教団自体が運動を指揮したわけではなかったので、長谷川さんは解散させませんでした。破壊活動を目論《もくろ》む団体として解散させる力は持っていたけれど、解散しても信者を地下に潜行させるだけで、今以上にやっかいなことになるだろうから、宗教としては認めた上で、活動を規制して建設的な方向に導くことにした。

要するに、総督府は、朝鮮人を抑圧するほどの過酷な措置《そち》を講ずる意思はなかった。厳しすぎたことはやめて、民衆の考えをちゃんと聞く、そして将来のために動くということを言っているんです。

倉山　朝鮮人の特徴なんですが、派出所とか交番を襲うんですよね。そして、朝鮮人警官をリンチしたり、日本人警官を惨殺したりする。

宮脇　それはもともとの李氏朝鮮時代に、そういうやつらが一番人民に過酷なことをしたからです。王様が派遣した税金取り立て官が、各地で賄賂を取ったり、人民を撲殺《ぼくさつ》したり、悪いことをずいぶんしていた。そのイメージが残っているから、真っ先に標的になったんです。朝鮮の人たちが、大きなところを見ず、自分たちの見えるところにいる抑圧している奴を標的にしたということです。

ジョージ・アキタさんの本の第四章の最後におもしろいことが書いてありました。一九三六年に、朝鮮人の独立に関する意識について警察関係が調査した結果が載っているんです。それによると、八％が「独立すべし」、一一％は「朝鮮にとって有利な時期に独立することを望んでいる」、三三％は「独立断念」、四八％は「どちらでもかまわない」と言っています。そのほかにも、一一％が反日的、一四％が改革を求めているというような調査をしていますが、最後の著者の結論がおもしろいんです。「こういうふうに正直に回答しても身に危険は迫らない」と。

倉山　こちらの『植民地朝鮮』（趙景達編　東京堂　二〇一一年）に愼蒼宇《しんそうう》さんという人が「武断政治と三・一独立運動」という論文を書いていて、これが〝傑作〟なんです。この人の「武断政治」の定義というのがすごくて、まず長谷川総督が退任するまでの植民地支配のあり方が武断政治だと、長谷川好道が悪人であることが大前提になっている。そして、その特徴は、憲兵警察による力の支配を前提とした徹底した同化主義政策、土地調査、農政、産業統制。全然「武断」じゃないでしょ。

もう一つすごいのは、迷信を打破していったことについて、「日本は何てけしからんことをするんだ」と言っているんですよ。「迷信を打破することは文化の破壊だー！」と。そして、とどめが、三・一独立運動の時にウィルソンが救世主として朝鮮に現われてくれるので、「飛行機でやってこないかなあと待っていた朝鮮人がいっぱいいた」と。

三・一独立運動は第十九、二十師団で制圧していますが、これは平時編成なので二万人です。総督府側の統計では死者三百六十人でした。一方、朝鮮人の朴殷植《ぼくいんしょく》という人による『朝鮮独立運動の血史』という、平凡社東洋文庫から一九七二年に出ている本によると、死亡者七千五百九名、負傷者一万五千九百六十一名、被収者、つまり捕まった人が四万六千九百四十八名。この数字も誇張で、総督府発表の三百六十人というのが近いんじゃないでしょうか。

宮脇　結局、「世界史上最も過酷な植民地支配」って、どこが？　って思いますよね。

倉山　世界一穏健でしょう。

宮脇　でも、彼らには言葉と結論があって、途中はそれに合うところだけが正しい。古田博司さんによると、「じゃあデータは?」とか「書いたものは?」とか尋ねると、韓国人はただ怒るそうです。「あなたは韓国人を愛してないのか」って。

朝鮮人は、「歴史上最も冷酷な植民地統治の下で生きた」という言葉を、くり返すだけですよね。どこと比べて最も冷酷なのかというのを言わずに、ただひたすら主観的なんです。ジョージ・アキタさんの本で紹介していた、アメリカのサンフランシスコで残酷な経験談を一所懸命《いっしょけんめい》探したというヒルディ・カンさんの話もおもしろかったです。自分には何も残酷なことをされた経験はない。だけど、残酷だと言われたんだからそうだとみんな言う。

倉山　「最も」と言う人に、じゃあ二番目どこですかと聞きたい。仮に一番ひどかったとしましょう。二番目はどこなんでしょうか。「最も」と言うからには、分母はいくつだ、と。一分の一ですから。「過酷」というのを「ムカつく」と置き換えると、実は全部意味が通じます。だから、それが almost fair を誤訳した時の例外の部分、精神性の部分ということになるわけです。

宮脇　「慰安婦問題」でもわかったことですが、「性奴隷」という言葉は日本の教科書が先です。あの人たちはオリジナリティがないというか、そういうことを自分で発明もしないんですよね。日本人が言ったことに飛びついて、一部日本人が煽ったことだけを使うという図式です。

倉山　朝鮮研究者にも二種類いるんです。一つは中国と朝鮮の両方を見ている人です。こういう人は発言権がなくて論文を書かせてもらえない。もう一つは朝鮮しか見ていない人ですが、実はこの人たちはみんなおかしくなってしまう。

韓国では、日本に留学したいとか日本語を勉強しているというだけで親日派のレッテルを貼られる。だから、デモなどでは、進んで最前列に出て行かないと殺されかねない。日本組はどんなエリートでも、デモの時に最前列にいないと人間扱いされないんです。一番過激にやらないと、「あいつは日本のスパイだ」と言われる。本当に大変なんです。

コミンテルンによる破壊工作

倉山　超重要な話で言うと、関東大震災（一九二三年）の時の「朝鮮人虐殺」ってありますね。工藤美代子《くどうみよこ》さんが書いているように、あれは明確にコミンテルン（各国共産主義政党の国際組織）の工作です。コミンテルンに踊らされた「不逞鮮人《ふていせんじん》」が暴動を起こすんです。朝鮮人だから暴動を起こすなんて言ってない。なぜそんなデマが信じられたかという話にもなるし、実際に暴動を起こしているんですよね。暴動というより掠奪ですが。

宮脇　大震災の三カ月後、皇太子暗殺未遂事件（虎ノ門《とらのもん》事件）というのもありました。世界中でコミンテルンは本当にすごかった。それを抜きにしては歴史を語れないけれども、それを抜きにしたのが日本の歴史教科書です。コミンテルンは全然ないことにして、「悪いことは何もしていないのに、朝鮮人だというだけで虐殺された」と書くから、めちゃくちゃに変な教科書になっている。

倉山　コミンテルンは、大正時代に東大を乗っ取っていますからね。法学部はまだ乗っ取れていませんでしたが、経済学部はすでにやられていた。森戸《もりと》事件（一九二〇年）というのはそれです。

宮脇　ただ、謀略を説明するのは難しいです。謀略というのは最後まで証拠が出るわけがないから謀略なので、結果から類推したり、状況証拠で判断したり、誰が得をしたのかを指摘する以外方法はありません。それを歴史と言われたら困るけれど、「こういうことが起こって、これは誰の得になりました」ということで説明するしかない。

日本の朝鮮支配がいかに悪かったかというのは、全部戦後の歴史の書き換えでしょう。その時の世界状況に関係なく、あとでつくったものです。つまり、歴史学はイデオロギーに乗っ取られて今日《こんにち》あるということです。いまだに、もう面倒臭いからそっちで行こうみたいな多数決で決められてしまっているんです。今の状況を政治的に説明するために、過去について全然違う見方をして辻褄を合わせ、あとは全部間違っているというやり方で押し通しているから変なことがいっぱい出てくる。だから、変なことはないことにする。この思考回路はほとんどイデオロギーと言っていいと思います。

倉山　関東大震災の「朝鮮人虐殺」はそういうコミンテルンの背景があったからああなったと。別に朝鮮人だけ狙ったわけでも何でもないですからね。大杉《おおすぎ》栄《さかえ》も殺されているし、それはやり過ぎだろうと言う人もいたし、吉野《よしの》作造《さくぞう》暗殺計画もあって、何を考えているんだって警察の中で話になっています。虐殺している日本人犯罪者が言うことを聞かないので警官が射殺したという例もあります。

当時のアメリカの報道記者が、なぜこれだけの大震災で暴動一つ起きないんだと言っている記録フィルムが、NHKの『映像の世紀』にあります。

関東大震災で政府が壊滅しているのに、法の支配が貫徹しているんです。当時の山本《やまもと》権《ごんの》兵《ひよう》衛《え》首相の偉大さは、語り継ぐべきです。

宮脇　今だって、それこそ世界のどこかで何かあった時の掠奪とか、ひどいものです。でも、当時も日本はそうではなかった。朝鮮人が大虐殺されたなんて、どういう目的で、根拠もなく、火のないところに数字のウソを並べるのか。ここからは日本人自身が、そうやってウソを言う人と本当のことを言う人を見分けてもらいたいものです。読者が峻別《しゅんべつ》するところまで来なくちゃいけません。何であんなにウソを言いたいんだろう、何の目的があるんだろう、どこから指令が出ているんだろうって。

倉山　いまだにコミンテルンが健在なんじゃないでしょうか、本当に。

ちなみに、『世界史の中の近代日韓関係』（長田彰文　慶應義塾大学出版会　二〇一三年）で一つだけ良かった点は、太平洋問題調査会（ＩＰＲ）、コミンテルンの前衛組織に言及していることです。これはＹＭＣＡ（キリスト教青年会）を通じた新渡戸稲造《にとべいなぞう》も関わっている、最後の日米友好団体なんですが、最後はコミンテルンに乗っ取られてしまう。当然そういうエスタブリッシュメントがいるところから入っていくんですね。

新渡戸稲造のことは、みんな主流の人と思っていますが、実は当時のエスタブリッシュメントの中では反主流の人なんです。どちらかというと後藤新平《ごとうしんぺい》系で、主流派の中の非主流と言ったらいいかな。

プロテスタントが布教と称して入ってきて、キリスト教自体がコミンテルンの隠れ蓑《みの》でした。コミンテルンは宗教を否定しているくせに、キリスト教徒を装《よそお》って入ってきて、個人レベルで砕氷船《さいひょうせん》のテーゼをやる。そして、とにかく「朝鮮は独自の民族だ、日本から独立すべきだ」という浸透工作を地道にやっています。この頃の大日本帝国にそんな工作をしても効《き》かないのですが、いざこうなってしまうと、結局、今では彼らの地道な工作が実ったということになる。

宮脇　当時のアメリカ経由の工作は活発です。中国初めてのナショナリズム運動といわれている一九一九年の五・四運動、北京大学の学生が動員されたあの事件以前には中国にナショナリズムはありませんでしたが、三月にコミンテルンができて、五月四日に五・四運動が起こっています。このときモスクワのコミンテルンにはお金がないので、アメリカの労働組合からお金が出ているんです。

倉山　アメリカ共産党はレーニンに資金援助をしています。世界で最初にできたのがメキシコ共産党で、メキシコ共産党がアメリカ共産党をつくった。つまりアメリカ共産党は世界で二番目にできた強い共産党です。メキシコやアメリカでは革命が成功しなかったので、一九一七年にレーニンがドイツへ送り込まれた時に、そこに一点集中したんです。

宮脇　そして、日本の中国に対する「二十一カ条要求」への反対というのが五・四運動のテーマですが、これも資金はアメリカのお金でした。

倉山　ロシア革命干渉戦争で列強に囲まれていて軍事的に劣勢なので、不正規戦やエスピオナージ（秘密情報収集）で世界中にスパイを放って、いっせいに蜂起《ほうき》させる。

ハンガリー、中国、スペインでは内戦を引き起こしていますし、ドイツではナチスに負けたものの、イタリアではムッソリーニ政権下でも共産党がかなり力を持っていました。フランスでは人民戦線内閣をつくり、イギリスですら一九二六年にゼネストを決行しています。それから、もう少しあとの話になりますが、『嘘だらけの日米近現代史』で書いたように、日米両国を戦争に引きずり込んでいます。

宮脇　人はコミンテルンからいろいろ来るわけですよ。中国の場合は内陸経由で来ているわけでね。でも、お金がどこから来るかというと、世界同時革命なので世界中の労働組合が支えていたんです。

私が『真実の中国史』（ビジネス社　二〇一一年）で書いたように、第一回共産党大会で党結成という時には毛沢東は参加していないので、第一回をないことにして、第二回を第一回だったことにしています。一個サバを読んで、自分が参加した回を第一回と決めたわけです。本当の第一回は、李大釗《りたいしょう》とか、陳独秀《ちんどくしゅう》とか、北京大学のもうちょっと主流派がやっています。

倉山　中国共産党の毛沢東がまだまだ下っ端だった頃ですね。そうやってコミンテルンが大量に入り込んできて、留学生の中にはまじめな愛国運動家から共産党の陳独秀までいた。陳独秀が大将です。吉野作造は政治屋としての素質もあるので右から左まで慣れていて、留学生たちに資金をやって書生みたいにしたり、福沢諭吉がやったように面倒を見ることができましたが、東大経済学部の森戸辰男《たつお》なんていうのは完全にコロリといかれちゃうんですよね（森戸事件）。

宮脇　そして、陳独秀はまじめな本当の共産主義者なので、中国を共産主義化して、人民を平和に平等にしようと最後まで本気で思っているんです。それを毛沢東が乗っ取ってしまってすっかり変質してしまいます。実際、すごい額のお金がたぶんコミンテルン経由で出ていました。だいたい、中国人が金がなくて動くわけないじゃありませんか。自発的に動くわけがない。しかも北京大学ですよ。

倉山　だから、彼らは金と暗殺ですよね。宋教仁《そうきょうじん》も暗殺されますし。

宮脇　それは共産党も国民党もどっちもです。宋教仁は中華民国の国民党のトップで、憲法大綱などをきちんとつくろうとしていました。中国にはアメリカ合衆国のような合州国制が向いていると言って、そういう憲法にしようと考えていたわけです。だから孫文《そんぶん》も彼を嫌い、袁世凱はもっと嫌っていたんです。ああいうのを置いておいたら絶対にダメだと思っていたわけです。

宋教仁は、どちらかというと陳独秀に似ている、頭でっかちの学者タイプで、一方の袁世凱と孫文は外国のことを知っているし、中国を知っている。リアリスティックというか、ずる賢いというか、頭が回る人たちだったんです。だから、袁世凱と孫文は、合州国制なんかにしたら中華民国はすぐ分裂するとはっきりわかっていたわけです。

でも、合州国制のほうがリアリスティックではあったんです。なぜかというと、中国はそれぞれの省によって話し言葉も違うし、辛亥革命（一九一一年）が起こった時にすぐ「外省人追い出せ運動」が広がって、どの省も話し言葉が同じ同士、本省人でみんなまとまっていたからです。

清朝がなぜあんなに大きな地域を支配できたかというと、巡撫《じゅんぶ》も総督も出身地には行かせず、すべて話し言葉の違うところへ赴任させて、真ん中で中央集権ができるようにしていたからです。ところが、全部の省が中央から来た〝外省人〟を追い出して本省人だけでやっていくようになってしまったので、「これはもうアメリカのような合州国制のやり方で行くしかない、そういう共和国をつくろう」というのが、中華民国の最初のみんなの意見でした。

倉山 それで、コミンテルンなんか、朝鮮どころか孫文そのものに工作をかけていってますからね。

宮脇 孫文はそれに乗ったんですからね。裏切り者です。

倉山 ひどいやつですよ、ほんと。日本人に命がけで世話してもらいながら、「私のことを本当に心から助けてくれるのはソ連だけだ」と。

満洲は誰のものか

倉山 当時の朝鮮からは結局、北が工業化するので農民が満洲に行くんでしたっけ？

宮脇 そうではないんです。そもそも北は食べていけない場所でした。だから、こっそりと満洲に行く朝鮮人は清朝時代からたくさんいました。それを清朝が、頭にきて殺したり追い出したりしていました。

清朝は朝鮮人を入らせないために、一七一二年、康熙帝《こうきてい》が、「定界碑《ていかいひ》」という境界を定める碑を立てて、鴨緑江と豆満江《とまんこう》を清朝と朝鮮の国境として定めています。

その満洲の現地というのが問題で、もともと瀋陽、遼陽のあたりは、本当は満洲旗人《きじん》（旗人は八旗に属する特権階級）の土地でした。ところが、満洲八旗の人たちは、自分たちは北京など南に移住してしまって、子飼いの家来の一族郎党が残って荘園経営をしていました。日本の藤原《ふじわら》氏のようなものです。

そして、荘園の上がりを毎年送らせて食べていましたが、南のほうの清朝では人口がどんどん増えてきて、人口圧で勝手に満洲に入ってくる。そういう人たちは安い賃金で働いてくれます。ところが、一方の満洲旗人の次男、三男は、行ってこいと言われても逃げ帰ってしまいます。

乾隆帝《けんりゅうてい》が、補助金を出すから満洲へ行け、故郷が荒れ地になっては困ると言ったので、一度満洲人が満洲に大々的に送り返されたことがあります。満洲人は清朝では公務員扱いで、日本の旗本《はたもと》と同じく、商売してはいけないことになっていたので、俸給《ほうきゅう》で食べていかなければならなかったのですが、次男、三男と増えていけば一人頭の収入は減るし、一方で相対的に贅沢《ぜいたく》になるので、苦しくなっていったんですね。

そこで、たくさん補助金をもらって行くのですが、寒いし、おいしいものも娯楽もないというので、ほとんど北京へ逃げ帰ってきて、結局、違法にお金でやとった漢人農民を使うようになります。この頃は漢人農民はまだ小作人で、満洲人の地主らは北京にいるという仕組みでだんだん開拓が進んでいきました。こうして、農地にすれば毎年上がりが入るので、これまで農業しなかったところにも人が来てどんどん開墾《かいこん》されて広がっていきます。

鴨緑江の北の今の中国領側の土地にも漢人が入ってくる。李朝末期に朝鮮北部で旱魃《かんばつ》などの自然災害と大飢饉《ききん》が発生すると、朝鮮人が豆満江を越えて入っていくようになりました。つまり、鴨緑江の西側は山東半島から漢人が入りやすいけれど、豆満江の北側に朝鮮人が入るようになってきたんです。

その後、沿海州をロシアに奪われ、この地方の重要性を認識した清朝は、朝鮮人を駆逐《くちく》することを決意します。

倉山　「駆逐」ですか？

宮脇　はい。一八八一年、明治十四年のことです。清朝が李氏朝鮮に朝鮮人の退去を通告したところ、朝鮮側は、「この地は朝鮮領である」と主張しました。

倉山　えっ？　それはまた強く出ましたね。

宮脇　足元を見ました。二度の境界交渉で解決がないまま、朝鮮人は増える一方。沿海州はロシアになっていますから。もう日本も来ていますしね。

お金がなくなった清朝が、公に、南の漢人に対してもう好きに行けと言ったのが一九〇〇年の義和団事件のあとですが、それでも日露戦争の前までは、まだあまり満洲に人はいないんです。

日清戦争の時、日本人は旅順《りょじゅん》までは行っていますが、まだ満洲には行っていません。旅順に行ったのも軍隊だけで、居留民は入っていません。NHKのドラマ『坂の上の雲』で、漢人がナショナリスティックに「日本人出て行け」と叫んでいるのはウソです。当時満洲に漢人の村がいっぱいあったように描いているのも史実と違います。

日清戦争の頃は、漢人は禁を犯して行っているので、割と卑屈に小さくなっていました。その後でたくさん入っていくようになります。

義和団事件以降、満洲に残留したロシア軍は、この地、つまり間島《かんとう》州を朝鮮領だと言い出しました。延辺朝鮮族のいる間島ですね。このあたりはもう朝鮮人がどんどん入ってしまった地域です。ロシアとしては、もし間島が朝鮮領ならば、満洲還付条約（一九〇二年）のせいで満洲からの撤退を余儀なくされてもここに残れるから、「ここは満洲じゃない、朝鮮領だ」と言ったわけです。

しかも、この一帯は長らく一般人の居住が禁止されていたので、手付かずの大自然が残っており、木材伐採のできる原生林も、高価な野生の朝鮮人参も、貴重な毛皮の取れる野生動物も、砂金も豊富にありました。実際に一九〇二年、日英同盟の圧力によってロシアが満洲からの完全撤兵に合意させられた時、韓国皇帝から豆満江・鴨緑江流域での木材伐採権を与えられたことを理由に、ロシアはこの事業に従事させるという名目で軍人を残しています。これが日露戦争の一因です。

さて、朝鮮半島の外交権が日本に移り、統監府が設置された一九〇五年の後、日本は間島に派出所を置き、一時この地方は日本官吏によって監督されています。その後、清国は、もし日本が間島で譲歩するなら満洲諸懸案に対する日本側の主張を承認しようと申し出ました。そこで、一九〇九年、日本は清と「間島協約」を結び、この地が清領であることを認めました。

ところが、日本が韓国を併合した一九一〇年以降、もう南満洲は日本の勢力圏だから、朝鮮人はますますこの地に移住するようになり、一九三〇年にはその数は六十万人に達します。そのほとんどは貧農で、もともといた満洲人地主の小作人になりました。

つまり、日韓併合後に朝鮮人が入っていった時には、地主は満洲人、漢人小作人、そこへ朝鮮人ですから、ものすごく人種的な揉めごとが起きました。朝鮮人から見れば、満洲人と漢人の違いはわかりません。とくに、一九一二年に清朝がなくなったあとは、満洲人だと言うと殺されるので、満洲人地主が身分をかくして、漢人のふりをするようになります。

こうして、誰が権力があって誰が牛耳《ぎゆうじ》っているのか、もうわけのわからないことになっているところへ、朝鮮人が「俺は日本人だ」と言って入っていって、無茶をしたわけです。

倉山　満洲人が漢人のふりをするようになるというのが大事なポイントですね。そのドサクサに紛れて満洲で縄張りを張ったのが、張作霖《ちようさくりん》一族です。

一九一一年の辛亥革命以降は、満洲人が民族浄化を受けてジェノサイドされかねないので、名前も漢人風に変えてしまいます。そこは『真実の満洲史』（ビジネス社　二〇一三年　二〇一八年に『日本人が知らない満洲国の真実』として扶桑社より刊行）のとおりですね。こうして日本が行った頃には、もう「満」と「漢」の区別がまったくつかなくなる。

そういったドサクサに紛れて、あぶれ者のヤクザの親分の張作霖が満洲の軍閥になり、調子に乗って逆襲して北京まで取ってしまった。

宮脇　張作霖は馬の医者だったので、モンゴル人を懐柔《かいじゆう》するのがすごく上手でした。モンゴルの王侯たちは、やっぱり身分が不安定になっているし、満洲人でもないし、小作人に貸しているというのも、自分たちは本当の権利があってやっているわけでもないというところに、張作霖がボディガードのようにして入り込んだんです。

それから、これは聞いた話で、まだ誰も論文に書いていないことですが、ある非常に有力なモンゴル王侯、チンギス・ハーンの子孫だから、もともとすごく広い土地の管理権を持っていて、清朝から俸給ももらっていた人に知的障害のある息子がいて、それに張作霖が娘を嫁に行かせたという話があります。つまり、モンゴルの親戚になったわけですね。

そうすると、もう信用が違いますよね。それで、うちの土地も任せる、うちの土地も任せるというふうになって、軍閥というけれども、張作霖の地盤はモンゴルなんです。

瀋陽・遼陽はずっと昔からの町ですから、商人組合だってあるし、所有関係の問題も結構レベルが高くて、満洲旗人がいろいろな分け取りを持っているわ、荘園の上がりは北京に送っているわで、もともと長く農場だった古い土地は、人間関係が難しいわけですよ。

けれども、遼河の西、遼西というのは、つい十年ぐらい前に農地の開墾が始まって、やっと税金が取れるようになって、大地主が生まれて、その何人かはモンゴル人で――といったような、訳のわからない場所なんですね。そこにもともとの放牧地を奪われたモンゴル人の匪賊《ひぞく》が襲ってきた、馬賊《ばぞく》が出たとか言って、そうするとボディガード代も高くなるし、そっちのほうが食えるというので軍隊にもどんどん人が来るようになって大きくなっていったんです。

ですから、張作霖の配下の人間というのは、全員が漢人だったかどうかもわからないですね。

倉山　張作霖というのは五十万人の暴力団員を抱えている堤康次郎《つつみやすじろう》のようなものですね。堤がプリンスホテルや何かを使って皇族の権威で財を伸ばしたように（〝新〟皇族となった元韓国皇太子の赤坂《あかさか》邸を購入し、それをホテルとして開業した）、モンゴルの王侯貴族に取り入った。

宮脇　南だったら軍閥というのもわかるんですよ。沿海の町の商人や、大地主、宗族が自衛のために軍をつくったり雇ったりする地盤がありますから。でも、満洲の軍閥って、もともと満洲人とモンゴル人がいるところにどうやって軍人が入るんだろうと、満洲で軍閥というのは不思議な感じでしょ。だからあれは、モンゴル人と満洲人ではなくて、新しく入った漢人のボディガードなわけですよ。

倉山　最後はボディガードが乗っ取ってしまうということですね。そしてそこに、バカな田《た》中《なか》義一《ぎいち》という日本の軍人が、「こいつ使っちゃえ」と言ってやってしまう。陸軍は山縣から田中義一まで、ずっと満洲でそういうのを使えという立場なんですが、伊藤博文はそんなの使わないでほっとけという立場なんです。そこの路線対立が、日露戦争後の伊藤・山縣のすごい対立になるんです。

日露戦争に勝ってからの日本陸軍の軍人もやっぱりアホが多いです。慢心するし、「問題を解決しなきゃいけない病」が始まってしまうんです。

宮脇　問題を解決すると言ったって、現地はむちゃくちゃにややこしいんですから。しかも、いろんな人種が混じっているわけですよね。そこに持ってきて、日本人になった朝鮮人が入っていって、「俺は日本人だ」と言って満洲人地主をいじめたという話です。でも、地主は立場が弱いので自分たちが満洲人だとは言えないんです。革命が起こって国がなくなったわけですからね。

倉山　そうやって揉めていったところにいたのが、日本史で山室信一《やまむろしんいち》氏の『キメラ――満洲国の肖像』（中公新書　一九九三年）などがいうところの、いわゆる「現地漢系」というやつですね。漢民族と漢系は違っていて、日系、漢系、満系とか言うんです。さらに日本人とその他とあって、「加害者日本 対 被害者向こうの人」という図式。今の日本史はそれなんです。『キメラ』は全部それです。

しかも、満系やら漢系やらをひとまとめに「中国人」と括《くく》ってしまう。この「中国人」という言葉が問題なのは、日本史では、「先祖代々、中国東北、当時『満州』には中国人がいて、そこに日本国民となった朝鮮人が入植と称する侵略の先兵として行った」という描き方になってしまうんです。

宮脇　本当はそんなわかりやすいものではなくて、満洲は誰の土地でもない荒れ地で、そこにじわじわとロシアが来たからこっちから行くとか、本当の地主はもう力がなくなるとか、いろいろな経緯がからみ合っているんですけどね。

倉山　だから、満系はそれこそ本当にそんな複雑な事情なのに、全部「中国人」のひと言に括られて、一方的な被害者、として描かれる。朝鮮人も植民地にされたので、しかたなく行かされたかわいそうな先兵である。唯一どうしようもなく悪いのが日本、というストーリーが、山室信一『キメラ』という問題図書に書いてあるわけですね。

今の話がすごく複雑なのは、満洲人もいれば、そもそも共存しているモンゴル人もいれば、あとから乱入してきた漢民族もいる。今の日本史ではそれを全部ひっくるめて「満系」とか「中国人」とか言ってしまう。東洋史にはそこまでバカな人はいないんですけど、日本史研究者は本気です。現地の実情は無視して、日本人を加害者に仕立てあげるために「中国人」というフィクションをつくり上げてしまう。

宮脇　『キメラ』は増補改訂版も出ましたよ。漢系の背景もいろいろあって、ところで、満洲はもともと漢族の土地ではなく、満洲人とモンゴル人の土地で、最初に来た漢人は禁じられていたのに来た人なわけです。それが一九〇〇年になったら、清朝が「満漢《まんかん》一家」と言い出して、「ロシア人に取られるぐらいだったら漢族のほうがマシ」と言って送り込んだ。そうして漢人が入っていくわけですが、本格的にどっと入っていくのは日本が満洲国をつくったあとなんです。

倉山　なぜかというと、万里の長城は物理的に越えられるので、華北から入ってしまうんです。満洲国は黄河を境界にしなくてはいけなかったんです。黄河は物理的に渡れないので。ところが、万里の長城を境界にしてしまった。南から見ると、万里の長城の向こう側はもうとんでもなく発展していって、別天国になっているわけですよね。それを見た華北の連中は、「あっちのほうがいい」ってわあっと入ってくるので、「満洲を守るためには華北分離工作だ」ということになってしまう。

日本がいて、朝鮮がいて、満洲という中国の一部があるという位置関係でまず把握して、一部の日本人が「朝鮮人を先兵にして中国を侵略した」というイメージで取ってしまうんですが、そこにいた中国とは誰なのかと言うと、実は満洲人とモンゴル人が伝統的に暮らしていたところに、最初非合法で、あとやけくそで入っていった漢族。そこにいた漢族は、一方的な被害者でも何でもないですよね。

万宝山《まんぽうざん》事件と韓中連合軍

宮脇 ソ連に誕生したコミンテルンは、一九二五年から二八年まで、朝鮮国内における共産党の組織化に力を注いできましたが、力尽きて、朝鮮国内における運動を諦《あきら》め、一九三〇年、朝鮮共産党を中国共産党満洲省執行委員会の指導下に組み入れました。こうして満洲の中の間島が朝鮮人の共産主義民族運動の場になっていきます。

一九三〇年五月、中国共産党の指導の下、間島の朝鮮独立運動派が貧農層を組織して武装蜂起します。「打倒一切地主、打倒日本帝国主義」をスローガンに掲《かか》げたこの「間島暴動」は、張学良《ちようがくりよう》支配下の東北官憲によって徹底的に弾圧されました。本質的に地主・官僚・軍人政権である張学良の東北政権は、共産主義と入り混じったこの朝鮮人民族団体を、むしろ

1937年当時の東アジア

朝鮮を支配下に置いた日本は、その北方地域を満洲国として独立させ、新しく誕生したソ連という脅威に対する緩衝地帯とした

日本帝国主義の手先と考え、弾圧の対象を政治団体から一般の朝鮮人にまで拡大しました。
すでに一九二八年から三〇年、農業に従事する在満朝鮮人と中国人の対立紛争は百件を数え、一九三一年二月、国民党会議は朝鮮人の満蒙《まんもう》（満洲とモンゴル）移住厳禁を決議し、「鮮人駆逐令」によって朝鮮人を満洲から追放にかかりました。張学良は朝鮮人が嫌いで、朝鮮人は「俺たちは日本人だ」と言うけれども、「あれは朝鮮人だから出ていけ」だったんです。「日本はまだ文化が高いかも知らんが、朝鮮人は大嫌いだ」と。

倉山　張作霖、張学良としては、日本はまだ手強《てごわ》いけど、朝鮮人だったらいじめていいだろうと。それで、実際に日本の外交官が、「別に朝鮮人だったらいじめていいよ」といったようなことを平気でやるわけですよ。外交官は朝鮮人のことを我が国民だと思っていない。関東軍は同じ国民だと思っている。この温度差が激しい。

宮脇　張学良の運動は、「二十一カ条要求無効」のナショナリズムの運動ですよね。日本人や朝鮮人に土地を貸したり家を貸したりした奴は売国奴だから、全部それはチャラにするとか取り上げるとか言ったのですが（懲弁国賊条例《ちょうべんこくぞくじょうれい》）、実際に取り上げられたのはほとんど朝鮮人でした。
日本人は、その頃は満鉄社員とか領事館員とか、さらには、そういう日本人を相手にしている商売人ぐらいしかいないので、みんな日本の金で暮らしていましたから。現地の土地を借りたり、現地で商売をしたり、現地の人を相手にして農民になっているのは、六十万人の朝鮮系の人たちがほとんどでした。そして、行き場を失った朝鮮人農民が長春《ちょうしゅん》の西北二十キロの万宝山《まんぽうざん》に入植しました。

ところが、吉林省政府の警官隊は朝鮮人農民の退去をくり返し求め、一九三一年七月にはついに中国人農民が大挙して彼らを襲撃します。これを「万宝山事件」と言います。日本は、日本国籍を持つ朝鮮人保護を名目として武装警官隊を送り、この紛争を武力で押さえ込みます。さらにそれを韓国の新聞が中国の不法行為として大々的に報道したため、今度は朝鮮各地で「排漢運動」が起こりました。とくに、平壌では数千人の朝鮮人群衆が中国人街を襲い、国際連盟が派遣したリットン調査団の報告書によると、百二十七人の中国人が殺されています。この事件が二カ月後に起こった「満洲事変」の直接の引き金です。

倉山　その中国人虐殺に関するリットン調査団の数字もいいかげんで、そこまでの調査能力はなかったでしょうが、今の中国でやっていることとまったく同じような話が満洲であったということですね。

と言っても、別に張学良は反日だけやっていたわけではありません。蒋介石とか張学良というのは、とにかく中華ナショナリズムの人たちなので、まずイギリスに南京事件（一九二七年）でケンカを売ったら、イギリスばかりかアメリカにも艦砲射撃され、次にソ連にケンカを売ったら、また返り討ちにあい、次に日本にケンカを売ったら、日本だけはほどほどで引き上げずに、本気になって満洲国をつくってしまった。つまり、日本だけが〝中華ナショナリズム・ババ抜き〟の〝ババ〟を自ら引く格好になった。

幣原喜重郎《しではらきじゆうろう》（当時の外務大臣）がおかしいのは、英米が南京事件で、「日本も一緒に艦砲射撃してよ」と言った時に、なぜかやらないいんです。ふだん英米協調のくせに、その時だけなぜか、「アメリカ・イギリスの申し出なんか聞くか」というふうになり、日中友好のほうを優先させてしまうという不思議なことをやってしまうんです。

こういう変な話があったあと満洲事変が起きた。これは朝鮮人としては嬉しいですよね。人間扱いされていなかったのが、いきなり最後、「全世界を敵に回してまで朝鮮人を守るんだ」って日本人が言い出したので、もう欣喜雀躍《きんきじやくやく》としてしまった。しかも、満洲国では「五族協和《ごぞくきようわ》」の中に、漢人や満洲人やモンゴル人や、ましてや日本人とも対等の朝鮮民族として扱ってくれる。

こうなってしまうと、朝鮮人が日本人を嫌う理由がないどころか、日本人であることが彼らの誇りになってしまうんですよ。圧倒的多数の朝鮮人にとっては、それまで併合してから二十年間ひたすら投資してくれて、人間らしい生活にしてくれたあげくに、宗主国なのに植民地のために、正確には植民地ではないですけど、自分たちのために全世界を敵に回して戦って勝ってくれた。

宮脇　圧倒的に強くて、やっつけてくれたんですからね。

倉山　いちおう私は満洲事変が修士論文という立場なんですが、衝撃の事実を知ってしまいました。先ほどの『韓国近現代の歴史』という検定教科書、事実上の国定教科書によると、一九三二年、昭和七年に永陵《ヨンヌン》街《ガ》の戦いというのがあって、「梁世《りょうせ》奉《ほう》が率いる朝鮮革命軍は中国義勇軍と力を合わせ、南満洲興京《こうけい》県（今の新賓県《しんぴんけん》）の永陵街一帯で日本軍を大きく打ち破った。五日間も続いた戦闘で韓中連合軍は肩を並べて戦い、これは両国の人々が同じ側にいるという気にさせることに寄与した」（傍点は編集部）らしいのです。

　さらに翌年には、この「韓中連合軍」について、「韓国独立軍は（中略）護路《ごろ》軍と結集して日本軍を撃破し、小銃千五百丁や大砲など数多くの戦利品を得るなど大きな戦果を収めた」とあります。

　宮脇先生、顔がぽかんとしていらっしゃいます。

宮脇　初めて聞きました。だいたい、韓国と中国って、当時はどちらも存在しない国でしょ。どこが〝連合軍〟ですか。日本人が文句を言わないので言いたい放題で、いくらでもエスカレートしていくのは韓流時代劇と同じですけど、すごいですね。

倉山　何でしょうね、この空想小説。中国って、どこの何ですか。満洲事変の関東軍の史料はあらかた見ているんですが、匪賊討伐について、奴らは昼間寝ているから夜に寝込みを襲うとか、そんな話はあっても、戦いの名前すら付かないような話ばかりです。

宮脇　それに、もし日本軍が武器をそんなに取られた場合は、それこそ上にちゃんと報告が上がります。その記録がないのですから、捏造《ねつぞう》ですね。

倉山　完全に捏造です。この「教科書」を読んでいくと、後世の史料を一次史料として使ってしまっているんです。あとになってから誰かが自分の自慢話の回顧録として勝手なことを書いているのが全部一次史料になっている。

創氏改名──ウソ八百の日韓併合［その1］

倉山　私の中ではマイナーネタなんですが、「皇民化政策」とか、「創氏改名」とか、「慰安婦」とか、「神道強制」とか、読者の知りたがることが山のようにあるのですが、このあたりどうしましょう？

宮脇　あまりに言い古された話ばかりですから、一つずつ項目を挙げて、ひとことずつ感想と結論だけ述べることにしてはどうでしょう。

倉山　では、「創氏改名」から。私は洪思翊《こうしよく》中将の話を『嘘だらけの日韓近現代史』でもしましたが、彼の名前を見ればわかるとおり、別に日本人名を強制していませんよね。

宮脇　オリンピック選手も東大の学者も、偉い人はそのままの名前の人が何人もいました。日本人の記録の中にも、クラスメートに朝鮮名の人がいても、誰も差別していないし、みんな楽しんでつきあっていた様子が出てきます。別に強制ではありません。ただ、とくに満洲に行く朝鮮人は日本名が欲しかったというのは本当です。漢人に対する時には日本人でいるほうが有利ですから。日本の学校に留学して来る時は、結構たくさんの人が元の名前で来ていますよね。自分たちで変えたり日本名になったりしたのは戦後です。

倉山　むしろ逆に、日本本土に来る時は朝鮮人名のままでいいんですよね。外国人参政権どころか、内地に行ったら日本国民として選挙権も被選挙権もありました。これのどこが〝植民地〟なんでしょうか。

まあ、高木正雄《たかぎまさお》（朴正熙）さんみたいな人もいますけど。日本人名のほうが有利だと思ったら変えているだけで、朝鮮人名のままのほうが有利だったり、不利にならないと思ったら変えないいんですよね。日本本土での扱いと、満洲へ行く時の扱いの差はそこから来ています。創氏改名が強制だったという人には、そういう視点がまったくありません。

強制連行——ウソ八百の日韓併合［その2］

倉山　次は「強制連行」。これは内地の日本人に対しても行なった「国民徴用令」（一九三九年に制定されたが、朝鮮人にも適用されたのは一九四四年八月から）のことなんですが、私はそれ以上何を言えばいいんでしょうか。外務省が調べたところ、本当に強制的に連れてきたのは二百四十六人というデータが出ています。

宮脇　日本だと、国民徴用令や学徒勤労令で中学生や女学校の生徒が工場で働かなければいけなくなったけれど、それは朝鮮では最後の最後までありませんでした。朝鮮ではそれは無理だったんです。戦争の末期（最後の一年間）に朝鮮半島でも行なわれることになったことを取り上げて、大々的に〝強制された〟と言いますが。

倉山　本当の強制は二百四十六人という、「役人にも行き過ぎがありましたんで、ちゃんとそれは調べます」と外務省が表明しているんです。どこの国でも役人の行き過ぎなどというものはあるのであって、国策レベルでやった話と一部不届《ふとど》き者がやった話を一緒にされては困るという話なんですが。

宮脇　でも、今の韓国人は、「自由な応募で強制ではなかったとか、募集だと言ったって、そういうことを断われる雰囲気じゃなかった」とか言い出す。たくさんの労働者が日本に強制的に連れて来られたというのも、稼《かせ》げるから来たんでしょう。

倉山　それ以上に、日本人と同じように戦わせないのが差別だと当時の朝鮮人たちは言っていた。それはものすごく重要なことで、どれだけ日本人になりたがっていたかということです。朝鮮エスニックかもしれないけれど、アイデンティティが「日本ネイションの日本人」

になっているんです。単なる法律上の日本国民でなく、文化意識として日本人なんです。満洲事変が朝鮮史にとって劇的な事件だった。そんなバカなことするやつ、いないですもんね。イギリスがアイルランドのために世界を敵に回すかという話です。カナダのためにだってやりませんよ。

従軍慰安婦――ウソ八百の日韓併合［その3］

倉山　次は「従軍慰安婦」。この問題は、まず吉田清治《よしだせいじ》の本があって、「河野《こうの》（洋平《ようへい》）談話」が平成五年（一九九三）にあって、それから教科書に載るようになりましたね。

宮脇　そうです。左翼の日本人がまず教科書で「性奴隷」だとか言って、「従軍慰安婦」のことをガンガン書くようになりました。今の韓国人が言っていることは、全部日本語で書いたものが元です。つまり、自分たちでオリジナルに研究したり、そういうことを言えるような人たちではない。全部日本人が言ったことをオウム返しにして、都合のいいところを拾って言っているのは明らかです。

倉山　ちなみに、一番「従軍慰安婦」のことを取り上げず、日本国の悪口を言っていない教科書が山川《やまかわ》出版社版なんです。なぜか。どこからも抗議が来るのが嫌だからなんです。むしろそういうことは用語集のほうで書いています。山川の教科書を読んでみると、「従軍慰安婦」なんかどこに出てくるんだ、虫眼鏡で見ないとわからないというような話です。

どこかの本で「戦地売春婦」「軍隊慰安婦」という言い方をしていませんでしたっけ？「従軍慰安婦」なんて、そんなものはいないですから。

宮脇　まず言葉がおかしい。でも、それも日本人がつくった言葉です。みんながいろいろなことを言っていて、本当のことは何もないのにこんなに大きな問題になっているのは、たとえばアメリカで像を立てるような在米の韓国系の人たちは、自分たちが韓国から追い出されたか、あるいは韓国を捨てた人たちでしょ。それなのに、アリバイづくりで、自分たちが本国の韓国人たちからいじめられないために日本叩きをするんです。

要するに、日本人を痛めつけても害がないし、なんら痛い目にあわないですむし、自分に跳ね返ってこないことがわかっているから、反日で母国に対して恩を売り、自分たちを防御しているという図式です。やっぱり日本人がはっきりと、そういう韓国人たちとは付き合わないと言って、拒否しなければいけないんですよ。

韓国人が自国民同士で傷つけ合い、いじめ合う構造がはっきりしているので、そうでないほうへ出て、自分たちにとって安全なところを叩こうというだけの話です。

倉山　問題があるたびに外務省が反論すべきなんでしょうね。

宮脇　しかも、韓国人相手にやる必要はないんです。それ以外の世界の人たち相手にちゃんとしたことを伝えるほうがずっと大事で、韓国人は放っておけばいいんです。仕方ないじゃないですか。自分たちで勝手にウソをつく人を説得できるわけもないし、もともと中国人と韓国人を説得しようというのが無理なので。

日本の正しい立場を、中国・韓国人ではない人々に説明するというか、訴えるというか、きちんと表明することが大切だと思います。

皇民化政策――ウソ八百の日韓併合［その4］

倉山　「皇民化政策」というのもありますが、根本的にはさっきの満洲事変のおかげで、向こうが「皇民」になりたかったわけですからね。

宮脇　朝鮮半島の人たちは、一度はそんなに心から日本人になりたかった自分たちが許せないんです。間違って弱いほう、敗戦側についたということが許せないんですよ。だから、「そういう歴史を消したい」「一切そういうことはなかったことにしよう」といったような欲求というか、衝動が今の韓国をつき動かしているのではないかと私は思います。

倉山　朴正熙は、実は、昭和十六年から二十年までの朝鮮半島が一番よかったと思っている人なんですよね。

宮脇　知っている人はそうなんです。でも、今はそういう人たちを弾圧し、「日本の統治時代は良かった」と言った九十五歳のおじいちゃんが殺されるという事件がソウルで起きています。歴史を全部書き換える衝動というのは、あの人たちにもともとあるものですから。ところが、日本人がないことにしてくれないから怒っているんです。

日本人は一切忘れませんからね。「お前たち、そんなこと言ったって、あの時は日本人になって嬉しかったんだろう」とすぐ言い返されることが嫌なので、ああいうふうに怒って、拗《す》ねて、駄々をこねているというように思います。

倉山　ですから、この時代というのは、実はこの時代自体を詳しく見ていくよりも、現代にどういう影響を与えているかを考えることのほうが重要です。この時の歴史評価がずっと今まで尾を引いていますね。

宮脇　つまり、自分たちの気に入るような像で外から見られないことが彼らの苛立《いらだ》ちなんです。しかも、自分たちで主体的に何かを動かしたり、決めたりしていないということに対する苛立ちがあって、だから、「歴史を変えたい」「昔のことを蒸《む》し返す日本人なんて全部いなくなればいいのに、日本人がいるから思い出して不愉快だ」という気分になるのでしょう。

神道強制——ウソ八百の日韓併合［その5］

倉山　「神道強制」なんて、どこでもそんなことはしていません。かつてのイエズス会みたいな神主さんは一人もいませんから、当たり前の話です。

宮脇　だいたい、神道は布教しません。このような誤解を生んだのは、満洲国皇帝の溥儀が原因で、東京裁判の時に「日本の文化を押し付けられた」とさんざんウソをついたからです。溥儀のことは朝鮮の話ではありませんが、朝鮮人が見習っているので言っておきます。

彼は帝王教育を受ける間もなく宮殿を追い出された人で、満洲国に行って乾隆帝のようにな

ソウル駅の西、南山の小高い丘に建てられた朝鮮神宮。総督府は朝鮮民衆の参拝を奨励したが、強制はされていない

れると思ったら、何も自分のやりたいようにできずにイライラしていました。

それで、二回目に日本に来てみたら、天皇陛下が日本人にどんなに尊敬されているかを見て、「そうか、天皇陛下と同じことをすればいいんだ」と、満洲に天照大神《あまてらすおおみかみ》を連れて行くと言い出した。日本人はみんなすごく反対して嫌がりました。天皇陛下ももちろん嫌だし、軍人も嫌だし、「あんたね、清朝の後裔《こうえい》でしょ、清朝の祖先を祀《まつ》ったらどうよ」ってみんなで言ったんです。

倉山　関東軍などは、溥儀がだらしないのを知っているので、彼を皇帝に立てる時、反対論も出ていました。「じゃあ、孔子《こうし》の子孫でも誰でもいいや」と言って、でも、孔子の子孫だと蔣介石のスポンサーで銭ゲバで有名だった孔祥熙《こうしようき》になってしまうのでやめておこうと。はっきり言って誰でもよかったんです。

宮脇　本当は、関東軍は今さらまた皇帝かというのが嫌だったんですよね。満洲は共和国でいいって。基本的にあの時代は国家社会主義の時代でした。とくに軍人は下のほうの出身だから、資本家は嫌いだし、満洲にソ連のような国をつくりたかったんでしょう。

倉山　関東軍には国家社会主義者が相当紛れ込んでいましたね。岸信介《きしのぶすけ》なんかもそうです。

宮脇　岸信介も？　でも、鮎川義介《あいかわよしすけ》を呼んできたのは岸ですよね。資本家がいなかったら国は成り立たないと言って、鮎川の日産《にっさん》コンツェルンを連れてきて満業《まんぎょう》（満洲重工業開発株式会社）にしたんでしょう。

倉山　なぜ鮎川義介かと言うと、三井《みつい》三菱《みつびし》の旧財閥を追い出して締め出すためなんです。その時に満洲で、日産や大倉などの新興財閥ができます。三井三菱は二大政党とべったりなので、既成財閥打破というのが彼ら国家社会主義者のスローガンになっています。だから、新たな会社に利権を持っていった。

宮脇　なるほど、そういう流れですか。当時世界中がそうでしたからね。それにしても、溥儀の思いつきは本当にみんな嫌だった。それなのに東京裁判で抜け抜けと、全部ウソを言ったんです。

倉山　溥儀は立憲君主と傀儡の区別がまったくついていない。だから、「立憲君主としてふるまえば尊敬されるんですよ」と副官の吉岡安直《よしおかやすなお》中将などがいくら言っても、「これは俺に権力を握らせないで傀儡にするつもりだ」と聞く耳を持たない。溥儀については私生活の話もいろいろあって、どれが本当かわかりませんが。

ちなみに、満洲事変以後の朝鮮半島はけっこう牧歌的で、満洲事変から日本が負けるまでは、満洲が最前線になっているので、朝鮮では揉めていません。

日本語教育——ウソ八百の日韓併合［その6］

宮脇　日本語教育を強制したのがいけない？　それでは、日本語以外でどうやって近代化するんですか？　朝鮮語には、近代的な概念を表わす言葉がなかったんですよ。

倉山　いや、問題は朝鮮に限らないんですけど、当時日本は、日本語を強要したとか言いながら、現地の言葉も強要しているんです。「お前たち、自分の民族の言葉も覚えろ」って、何やってるのかと言いたい。

普通の国は植民地の民族の言葉を奪っていくのに、日本は朝鮮で、ないところに植え付けていっているんです。植民地統治がわかっていない。台湾で成功したからそのままやったんでしょう。

宮脇　だいたい、西洋のことを学ぼうと思えば、まず日本語を勉強するしかありませんでした。私の知っている韓国の年配の学者も、世界の文学全集を全部日本語で読んだと言っていました。日本語を勉強しなければ近代化できないんですから、しかたがないんじゃないですか。

満洲でもそうですけど。五カ国語も六カ国語も言葉があって、じゃあ共通語をどうするのかとなった時に、やっぱり「とりあえず日本語を勉強して日本語を読んで話せるようになってくれ」と言うしかありません。それを、威張っていたとか、宗主だとかと言われても、じゃあ今何なのかと言いたいですね。

韓国では、その日本語を勉強した人たちが日本を見習って、「てにをは」だけハングルにした新聞がいっぱい出ました。それが戦後どうなったかというと、実は漢字の語彙《ごい》は全部日本語だったのをハングルにしただけ。もしまたあれを漢字混じり文に戻したら、私たち日本人も北朝鮮・韓国のものはほとんど読めますよ。漢字混じり文のほうがよほどパッと目に入ります。でも、そうすると、漢字の語彙が全部日本語だとバレてしまう。

倉山　全部ハングルだと、つまり、アルファベットしかない、ローマ字しかない日本語みたいなものですね。音だけになる。

宮脇　だから、呉善花《オソンファ》さんが、人間が浅薄になると言っています。つまり、ハングルによって情報量が極端に減って、たくさんのことが抜け落ちる。漢字は音が同じものばかりですから、違いの見分けようがない。お父さんとお母さんの名前がどういう漢字になるかも知らなくなるそうです。人の名前って、耳で聞いても、漢字がなければほとんど同じ名前になってしまうのですから。

キム・ジョンイルも最初は「金正一」とか、いろんな漢字が出ていましたものね。何だかわからない、本人も知らない、これにしよう、みたいなもので。あとから、よく考えたらお父さんの字が入っているほうがいいというので「正日」に変えたのでしょうけど。

要するに、もう誰も漢字を知らなければ、どんなふうに書いても、別にどうでもいいわけですよ。それでも、意味を聞かれるとやっぱり、じゃあこっちの漢字のほうがいいとか、こっちにしようとか、そういうことだろうと私は思います。

倉山　しかも、間抜けなことに反日から漢字廃止したんですよね。一九七〇年から漢字廃止政策で学校でも教えなくなり、ほとんど全部ハングル表記になっていますが、そのうちどうなるんでしょう。

宮脇　今は、自分の名前くらいは、もともとの漢字の意味をまず考えてからハングル名にしていますから、どの漢字かを知っているはずなんです。でないと固有名詞になりませんからね。でも、俳優の名前だってハングル表記にされてしまっています。

ただ、韓国映画を香港で売る時はみんな漢字名になっているんです。だから、「ああ、名前の漢字は知っているんだ」と思います。漢字には意味がありますから。

倉山　いちおう根絶されたわけではないのですよね。

宮脇　そうですね。戻そうという気持ちも少しあります。ちょっとは戻そうとか。

倉山　ソウルを歩いていて、漢字や日本語が出てくると、日本語の間違いはしかたないですけど、漢字すらネイティブチェックを受けたほうがいいんじゃないかと思うようなものがいっぱいあります。

宮脇　線が足りないとか、反対向きに書いてあるものとかですね。もうわからないし、読めなくなっているんです。だから、自分たちの古典が読めない。文化断絶なんです。

朝鮮総督になったのは重要人物ばかり

倉山　最後に昭和期の朝鮮総督を批評しておきましょう。

朝鮮総督というのは総理大臣見習いポストです。満洲事変の時に総督（第六代）だった宇《う》垣一成《がきかずしげ》も総理大臣候補でした。ところが、西園寺公望が「次の総理、誰にしようかな」と悩んでいる時に、じっとしていたら総理になれたのに、わざわざ「本を取りに来た」などと言い訳してまで静岡（西園寺別邸）にやってきては顔を売ろうとするので、「こいつ胡散臭《うさんくさ》い」と毎回はねられています。結局、総理大臣にはなれませんでした。

その次に宇垣の一の子分の南次郎《みなみじろう》がなります（第七代）。この人も総理大臣候補でしたが、候補で終了ですね。

次の小磯国昭《こいそくにあき》は一九四二年から四四年まで朝鮮総督をつとめて（第八代）、これまた宇垣閥で、宇垣が失脚しても中枢に残ったという人です。世渡りがやたらに上手で、東條英機《とうじょうひでき》が倒れて「陸軍から総理を出せ」という話になった時、三人候補がいる中で、二人は前線司令官だけど朝鮮総督の小磯だけはとくに戦っていないということで、「じゃあ内地に戻ってこい」と総理になったという強運の持ち主です。

南、小磯は日本人からすると無能な軍人ですが、朝鮮では有能な行政官でした。

最後（第九代）の阿部信行《あべのぶゆき》という人は元総理です。朝鮮民族との融和に腐心しました。

いずれも、朝鮮人にはとやかく言われたくない。当時の総理大臣候補者を送り込んでいたのですから、朝鮮を大事にしていたことの証拠ではないですか。日本に落ちこぼればかりを寄越《よこ》したGHQとは違います。

5章　主体がない二つの国（一九四五〜二〇一四年）

ポツダム宣言なんか知ったことか

倉山　一九四五年八月十五日、光が復《ふく》すと書いて「光復節《こうふくせつ》」と韓国人は言いますが、さあ、実態はどうだったか。

まず、韓国近現代史教科書を見ると、ろくすっぽ喜んでいる写真がない。〝解放〟された〝韓国民衆〟が喜んでいる写真を載せればいいのに、刑務所の前で政治犯がバンザイしている写真しかないんです。

宮脇　日本人としてがっかりして、みんなで泣いていたということです。

倉山　そして、アメリカ人は当時何を考えていたかというと、一九四六年まで戦闘は続くだろうと思っていました。沖縄から東京に侵攻する作戦ばかり考えていて、実は朝鮮のことはまったく考えていない。

朝鮮半島では、日本の朝鮮軍が八月二十五日までソ連に対して抵抗しています。『現代朝鮮の興亡――ロシアから見た朝鮮半島現代史』（A・V・トルクノフ他　明石書店　二〇一三年）によると、ほとんど抵抗力なく鎧袖一触《がいしゅういっしょく》で潰《つぶ》されたように見えますが、戦史叢書などを見ます。

倉山　あまりにもひどい強姦などの話が伝わってくるので、日本人を逃がすために抵抗しなければいけなかった。

宮脇　つまり、満洲の話が伝わったから、朝鮮軍は抵抗してくれたと？

倉山　そうなんです。八月十五日まではもちろん抵抗をやめないですし、その後も、停戦交渉をやっている間にもソ連軍は婦女子を強姦しながら南下してくるという、とんでもない状況ですから。

宮脇　満洲にも、もちろん十五日に「全員武装解除せよ」という命令は来たけれども、現地で司令官がちゃんとしていたところは、日本人が逃げるまでは抵抗するなり玉砕《ぎょくさい》するなりしていますね。とくに内モンゴルの張家口《ちょうかこう》では、駐蒙軍は本当に日本人が一人残らず全部逃げるまで、最後まで抵抗したんです。

倉山　その話は私のブログ「倉山満の砦《とりで》」に書いていますが、かいつまんで言いますと、駐蒙軍司令官の根本博《ねもとひろし》中将が、二千五百人の兵力で数十倍のソ連軍を迎え撃って見事撃退し、居留民四万人を全員無事に返したという、冗談みたいな強さの話です。戦死者は二千五百人中、七十名弱だったとか。

宮脇 本当にそのおかげでって、みんなすごく感謝していますね。

倉山 日本人の「残留孤児」は全部満洲なんですよね。

宮脇 そうです。内モンゴルにいた人たちは全員逃げられたんです。内モンゴルは、徳王《とくおう》が親日だったこともあり、彼もとにかく自分たちの内モンゴル軍に対して、「日本人を守って、先にとりあえず安全なところに移すように」と言い、自分たちはそのあとで北京に引き揚げてくれました。

蔣介石はシナ方面では日本軍と上手くやっていて、日本軍が治安維持をしていましたが、あまりに満洲が遠かったのですぐに行けないわけですよね。その点、毛沢東には地の利がありました。延安《えんあん》にいたので、内モンゴルを通ったらすぐ満洲なのでダーッと攻めていった。それでソ連と上手く交渉をして、「言うことを聞きます」ということでソ連から日本軍の武器などを全部もらっておいて、ずっと言うことを聞いているふりをして、どんどん取っていったのです。

倉山 満洲では、虎頭《ことう》要塞などは抵抗しているんですが、多勢に無勢で敵《かな》うわけもなく。岡《おか》村寧次支那《むらやすじしな》派遣軍総司令官は「天皇陛下の命令があったら今すぐ満洲に突入したい」と、日記に何回も書き残しています。すぐそこで日本人が悲惨な目にあっていますから。それなのに自分は根本博に宛てて、「ソ連に対して武装解除し、抵抗するな」という電報を打たなければならない。

宮脇　やり方というか、主義というか、日本の上層部は大陸のことがわかっていなかったわけですし、間違いはありますけどね。あの時は、法律を守る人と、現地に合わせて対応する人と、死んでも日本人を守るという人と、いろいろなタイプに分かれたんです。

倉山　あのとき、まともにポツダム宣言を守った人は悲惨な目にあっています。ソ連相手にはもちろん、アメリカ相手でも相当悲惨な目にあっています。

宮脇　日本人が各地で虐殺されたわけですからね。でも、それぞれの場所で踏ん張った人たちはいるんです。自分はもうどうせ死ぬんだからと、満ソ国境でも、それぞれの軍隊には本当に玉砕した人がいっぱいいました。少し時間をかせいで日本人を逃したりしたけれど、全員は無理で、開拓団はひどい目にあっています。

倉山　朝鮮半島では、さっきも言ったように朝鮮軍が意外と敢闘していました。南のほうからは、九月九日に初めて米軍のホッジ中将が上陸しています。

アメリカとしては、ポツダム会談でソ連に参戦を求めたから、もうソ連は満洲から朝鮮半島まで取ってしまうだろうと思って、平壌を通る三十九度線ではなく、もっと南の三十八度線を境界にしています。アメリカとしては吹っかけたつもりでしたが、地政学的には圧倒的に不利なことをやってしまった。ホッジは、三十八度線まで取れたからラッキーと思っているけれど、ソ連は、もう腹の中で笑い転《ころ》げているわけです。

アメリカとしては、いつまでに完全に日本に勝てるかどうかがわからない状況の中で、実は、もう主敵はソ連になっているんです。トルーマンは、ソ連が危ない奴だと気づいているんですよ。ところが、ホワイトハウスが全員フランクリン・ルーズベルトのスタッフのままなので、舵《かじ》をそっちに切れないというジレンマがアメリカの側にもありました。朝鮮のことは何も考えていない。

三十八度線は軍事境界線なので、それを越える人の移動は基本的にありませんでした。例外はあるとしても今の脱北者のようなもので、敗戦直後の脱兎《だっと》のごとくの大脱走以外はそれほどありません。一九四六年の春先にはもう通れなくなっていたはずです。正確には四六年の一月、二月頃までです。

宮脇　日本人はもっとあとも満洲やシナ大陸から引き揚げてきていますが、朝鮮を通れないのでみんな結局、葫蘆島《ころとう》や青島《チンタオ》などから、アメリカが用意した船で帰ってくるしかなかった。

倉山　遼東半島までは行けても、そこから中は行かれません。何をされるかわからないから。岡村寧次の目が届くところだけが安全なんです。

それはさておき、米ソ冷戦がもう現地ではすぐに始まってしまうんですよね。ベルリンでも結局、米英仏の占領地域は行き来自由でも、ソ連区域には行かれなくなっていた。三十八度線もそれと一緒です。

南北朝鮮の英雄ファンタジー

宮脇　朝鮮人というのは、自分たちの書いたものを、数字も何も一切信用していません。歴史は最初から政治の一種だったので、力のある人間が書き換えるものだということを信じていますから。

倉山　まさに儒教的な、最後に勝ったやつが好き勝手に書いていいということでしょう。学問ではなくて、ファンタジーです。

宮脇　だから、ここが重要なのですが、日本がどんなに本当のことを言っても、それは日本に都合のいいことだけを言っていると向こうは思い込んでいます。完全なカルチュラル・ギャップです。こちらが全部本当のことを言って、「さあ、だからわかるだろう」と言ったところで、絶対に向こうにはわかりません。「日本人なんだから、全部日本に都合よく書き換えて、あまりにも上手く書き換えたからほころびがないんだ」と思うだけです。それぐらい日本人は悪い奴だと心から思い込んでいるので。

倉山　実態はどうかというと、彼らの中で、アメリカに媚びようとする派とソ連に頼ろうとする派の内ゲバが激しすぎて、結局相手にしてくれたのはスターリンの手下の金日成だけ。それすら怪しいですけどね。この時期の「金日成」は特定の人物を指した固有名詞ではないので。キャプテン・ハーロックと一緒で、ファンタジーです。

宮脇　日韓併合の前から、「金日成という偉い将軍がものすごく反日で頑張ったそうだ」というヒーロー物語、英雄物語ができていました。日本の陸士（陸軍士官学校）を出ているそうだとか、噂の出所によって出身の話まで違っていて、でもみんな、「金日成」という名前を聞くだけで、「ああもう英雄だ」と思った。

倉山　今の蛇頭《じゃとう》（中国マフィア）と一緒です。「金日成」を固有名詞だと日本人は思っていますが、一般名詞ですから。

宮脇　ねずみ小僧次郎吉《じろきち》のようなものですね。「金日成」という名前がずっと庶民に知られていて、それで「金日成」を語る人間が何人も出たわけです。もともと本当にいたかどうかも怪しいんですが。

そして、その最後にソ連がこいつだと言って連れてきたのが、あまりに若くて朝鮮語も上手くない。それどころか、子供二人の名前はユーラとシューラでロシア語だし、さらに日本人のお手伝いさんの証言によっても、彼らはロシア式の生活をして、ロシア風の朝ご飯を食べていたことがわかっているわけですよ。それでみんなウソだと思ったけれど、正直に言った人は全員処刑されてしまったので、ソ連が連れてきた人物を「金日成」にしたという。いくらなんでも、そんな若い人が古い時代から活躍していたわけがないと、みんなわかっていたし、警察署を襲った時に一緒にいた人たちが「この人じゃない」と言ったけれど、全員殺されてしまったという話です。

倉山　関東軍の史料が防衛研究所にいくつも残っているのですが、〝初代〟金日成の首を取ったとか、何代目の人がいたとか、そういった話がウータラカータラあるんですよね。

昭和十七年の講演録というのが残っていて、「いや、こんな世紀の大戦争をやっている時」、これは当然「対米戦」のことですが、「満洲で金日成ごとき匪賊討伐の話をするなんて恥ずかしいですね」というのがあります。そんなレベルです。

宮脇　そして、その一番確からしい金日成は、まず一九三七年、満洲国から国境を越えて朝鮮の普天堡《ふてんほ》の町に奇襲をかけて有名になり、一九四〇年に満洲の警察部隊を全滅させて、最後は沿海州に逃げていったという記録が残っているんです。日本人はまじめだからいろいろなことを書き残すし、満洲国というのはちゃんとした国なので、襲われた話だって、何人死んだとか、匪賊が何人来たとか、あれは金日成だというのが記事として残っています。そのとき討伐したけれど金日成を捕まえられずに、国境を越えて逃げたという話が記録に残っている。

それで、最後に日本が負けたあと、「逃げてきたのはこれだ」という人物をソ連が連れてきたわけです。

倉山　北が金日成なら、韓国の教科書が正史として描くのが金九《きんきゅう》（キム・グ　一八七六～一九四九年）です。北のほうでは、さっき言ったようなフィクションの戦闘記を金日成とそのお仲間たちがつくっています。では南の連中が何をやっているかというと、金九がやったのはテロです。一九三二年のお正月に昭和天皇暗殺未遂事件（桜田門《さくらだもん》事件）を起こすとか、上海事変（一九三二年）の時にテロをやったとか。ひたすら、テロ、テロ、テロ。テロしかやっていないので、別に戦っているわけじゃない。

ちなみに、韓国の教科書によると、韓国系は大きく四つに分かれていたらしいです。

一、金九と韓国独立党。

二、呂運亨《りょうんこう》と朝鮮建国準備委員会。

三、李承晩と韓国民主党。

四、その他。

ひたすら内ゲバをやっていて、主流は当然金九、李承晩は実績ゼロです。結局、金九が一九四五年以降も主流だったけれどアメリカに楯突《たてつ》いたので、都合がいい李承晩のほうを初代大統領に据えています。

宮脇　とは言っても、誰も朝鮮の中にいないんですよね。金九はどこにいたんでしょう？

倉山　金九はまったく朝鮮に入っていないわけではないですが、基本的には外でテロをやっています。李承晩はアメリカで何もしていないですね。本当に何もしていない。

金九も金九でいいかげんな人です。昭和二十年八月に、「あ、今からアメリカから武器を受け取って戦おうとしていたのに、日本が勝手に負けてくれた」とか、「倭敵が負けた！

せっかく今から戦おうとしたのに」とか言うんですよ。どうしようもない連中なんです。日本国内で昭和天皇暗殺未遂という、大それたテロは実行しましたが。

ちなみに、韓国の教科書の単元ごとのまとめでは、金九は三章連続で出てきますが、李承晩は全然出てきません。李承晩はあとから来て乗っ取ったやつです。金九も大したことはしていませんが、李承晩はさらに何もやっていない。革命家ってみんなそんなものですが。教科書の「人物で見る歴史」というところを見ると、洪範図《こうはんと》という、何か最後スターリンに中央アジア送りにされてしまった人物の話がえんえん書いてあって、李承晩がどこにもいない。本当に何もやっていないので書きようがない。アメリカにいるんですから。

圧倒的多数の朝鮮人は「反中親日」。二千年間の朝鮮史の中で唯一「反中親日」になっていた時期です。

宮脇　満洲事変から、日本が負けるまでの間ですね。それなのに、こんなに好きになってあげたのに負けたというので、彼らはそれでもう裏切られたと思ったわけです。入れ込んだだけ日本を大嫌いになる。自分たちは何の努力もしないで、要するに見る目を間違えたことが自分たちで許せないいんです。「日本に賭《か》けたということ自体を許せない」「日本のことをいいと思った時期があったことを許せない」というのが今の気持ちなんです。だから、「それな

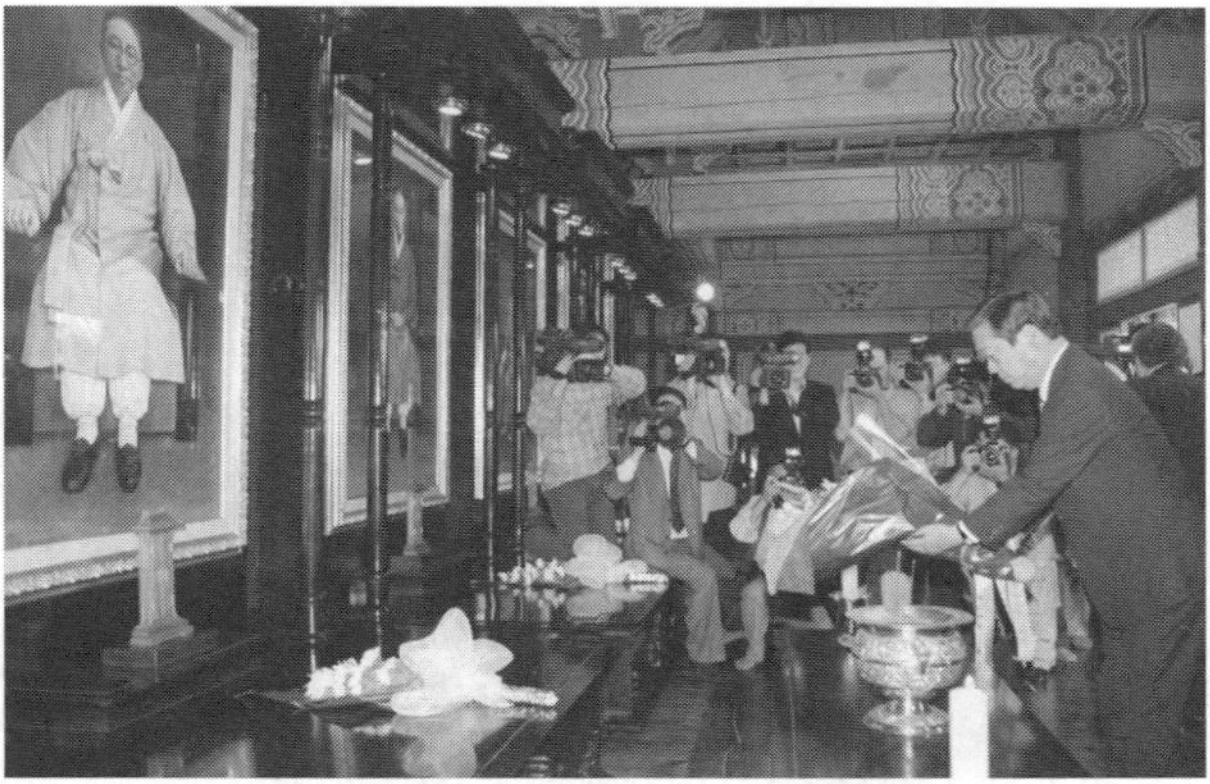

1999年、金九の墓所を訪れ、献花する日本の政治家
（写真　共同通信社）

1960年４月26日の暴動で引き倒される李承晩の銅像
（写真　共同通信社）

ら最初からアメリカの植民地になっていたらよかったのに」というセリフになるんです。「そうしたらアメリカの一番の家来でいられたのに」と。

倉山　「今から戦おうとしていたのに日本が降伏した」って、本当にお前ら何もやっていないんだという証拠ですよ。アメリカ人は彼らの助けなんてまったく要《い》らないと思うんですけど。金九はアメリカ陸軍省と協力関係の約束ができていたとも書いていますが、たぶんそういう話を持ちかけようと、金九の脳内で思っていたぐらいですね。

恥ずべきなのは、「日帝三十六年」ではなく、戦後の三年間

倉山　日本ではＧＨＱは、民政局が日本政府を通じて間接統治をしています。朝鮮ではホッジがいた時は、日本本土と同じように間接統治にしておけばいいやと、阿部信行朝鮮総督以下、日本人スタッフをそのまま残しました。ところが朝鮮人が、いろいろな独立運動とか、人民共和国宣言とか、勝手なことをやり始め、「せっかくアメリカ様が勝ったのに、何で俺たちには自治がないんだ」と騒ぎ出します。ホッジのあとに行ったアーノルド少将は、軍政

庁というものをつくって直接軍政を敷くことになります。

アメリカもソ連も、「日本帝国主義の下で奴隷化されている朝鮮人を解放する」という建前なのですが、大前提として圧倒的多数の朝鮮人はまだ日本にシンパシーを持っていて、意識は日本人なんです。一部の政治運動をやっている金九とか、あるいはロビイングだけやっている李承晩とか、こういう連中が反日を徹底的に煽る。この連中の言うことを聞かないと、日本人になってしまっている大多数の朝鮮人の日本人へのシンパシーを切れないので、朝鮮を独立させなければいけない。それには朝鮮から日本人を排除しなければいけないだろうということになり、朝鮮総督府のスタッフ全員を解雇してしまいます。

日本人がいなくなると、朝鮮を直接軍政で統治するしかなくなってしまいます。結局アメリカ軍政庁でも日本人の旧総督府の人間を顧問に雇っているのですが、そうすると、「親日分子の粛清が不徹底である」と非難される。

李承晩と金九と呂運亨が鎬《しのぎ》を削ったあげく、李承晩が二人を暗殺して勝ってしまうのですが、彼はアメリカに取り入るために強烈な反共を主張するんです。アメリカ本国でホワイトハウスがどんなに真っ赤っ赤でも、現地にいる米軍は、目の前にソ連軍がいるのでリアルにわかるわけです。彼らに媚びるために李承晩は「俺が一番反共だ」と言う。

金九なんていうのは、はっきり言って、大陸の誰かれに指令されて上海事変やら天皇暗殺未遂やらをやったような根っからのテロリストなので、「私のほうが反共ですよ」と売り込んだ李承晩が勝ち残った。そして、謎の暗殺事件が次々と起きるというのが、一九四五年から四八年の南の状況です。

とくにこの時期に関しては、二つのことを特筆大書しておかなければいけません。

一つは、連合国軍が委任統治を始めるより前の一九四五年一月に、イギリス外務省とアメリカ国務省がアーノルド・トインビーを委員長にして特別報告を出しているんです。将来どうやって朝鮮を統治するかについての報告なのですが、「こいつらに自分で統治する能力はない」と言い切っています。「現代国家を管理する十分な政治的経験を持たず、専門的な意味での行政機能を遂行できない」と。そのとおりじゃないですか。

民族自決などの理念を掲げて、日本帝国主義の奴隷だと言いながら、日本人を使わないと統治ができない。個人的にトインビーという人はあまり好きではないですが、実務的にはこの人の言うとおりでしょう。

もう一つは、本当に韓国人は李承晩が嫌いなんだなという事件があります。一九四八年の四・三事件で、済州島を舞台に李承晩は大虐殺をやっています。現地の公務員も、何をやっているのか。

総選挙と憲法をどうするかということで、アメリカ型大統領制にするか、議院内閣制にするかで揉めているんですが、李承晩はアメリカかぶれなので、アメリカ大統領のようになりたいと主張しています。しかし、一人が独裁権を持つようにしたいという本心がありありでした。法の支配がないところでアメリカ大統領制をやったら独裁をやるしかないし、そもそも法という概念が李承晩にはありません。支配あるのみです。

そこでみんなが反対して、李承晩反対派は集団指導体制のようなつもりで議院内閣制を主張する。国会議員の選挙によって大統領を選ぶというような間接大統領制にするという妥協案が出たりして、国のあり方をどうするか、朝鮮風に言うと、誰が独裁権力を握るのか、握らせないのかというので、ものすごく深刻な暗殺付きの政治対立が起こるんです。

そういった中で、済州島の住民は「日帝三十六年がどうこう言うなら李氏朝鮮はどうなんだ」というような見方を持っていましたから、真っ先に弾圧されたわけです。朝鮮の地方対立の中で一番悲惨な例です。

実は李承晩は総選挙をやりたくありませんでした。ところが、民主主義かぶれのアメリカに「選挙をやらないと援助しないぞ」と言われるので、しかたなくやると、いつものアメリカ投票箱民主主義のとおりになるんです。何の前提条件もないところで、いきなり投票箱を持って「選挙だ」と言ったら殺し合いになるという流れです。さらに十月十九日、麗水《れいすい》・順天《じゅんてん》虐殺事件というのが起きます。

つまり、一九四八年は、四月三日に済州島で虐殺をやって、五月十日に選挙をやって、八月十五日に大韓民国が成立して、さらにまた十月十九日に虐殺をやるんです。

ともかく、李承晩は権力を握ったら住民虐殺しかやらない。さらに朝鮮戦争の最中にも釜山で住民虐殺をやっています。

宮脇　韓国を建国してから、そのあとでも虐殺がある？　どういうことでしょうね。何でそんなことをするんですか。釜山は自分の側でしょう？

倉山　そうですよ。反対派に引きずり降ろされるのが怖くて、ひたすら恐怖で、だからこそ暴力団を使って政敵を暗殺しているんです。朝鮮戦争の時も、彼はまともな戦争指導を何一つやっていません。

宮脇　もう李氏朝鮮時代じゃないというのに。これは戦後の話でしょ。しかもアメリカがいちおう後ろにいたわけですから、それが問題ですよ。アメリカは虐殺も見ていたんですよね。アメリカの責任はどうなるんでしょう。

倉山　かなり重いです。カンボジアでも同じことをやっていますし、不作為犯です。基本的にほったらかしです。とりあえず「南朝鮮労働党の武装蜂起が原因だ」と韓国の近現代史の教科書には書かれていて、実際そっちも本当なんです。しかし、根本的には李承晩に統治能力がない。ひたすら反対派の粛清、粛清、粛清で、関係がない住民まで殺しまくっているんです。

しかも、この本（『現代朝鮮の興亡――ロシアから見た朝鮮半島現代史』）ですごいのは、韓国は国軍の中に警察まで含めているんですね。つまり、李承晩に「警軍分離」、つまり警察と軍隊の分離という概念がない。中南米の独裁者とまったく一緒なんです。

アメリカとしては、そういう奴らを相手にするのに慣れているので、李承晩というのは扱いやすい人間ではある。アメリカ大統領制で警軍分離ができていない暴力装置を全部持たせたらこうなります。しかも、軍隊と警察だけでも足りずに、私兵として暴力団を持っている。それでも反対派がいっこうに減らないぐらい人望がありませんでした。

宮脇　でも、この時は、つまり北の手がすでにあちらこちらに入り込んでいたというふうには考えているわけでしょう。八月に南で大韓民国ができてしまったので、九月九日に北のほうは朝鮮民主主義人民共和国ができてしまうわけですね。韓国の憲法は、最初から南北とも全部韓国だと言っています。北朝鮮のほうでも、全土が朝鮮で韓国はないことになっている。だから、両方が、もう現実なんてまったく考えず無関係に国をつくっています。どちらも「ウチが国や、あいつらはテロリストや」なので、最初から完全に歴史の捏造です。日本に対して言ってくるようなものだけではなく、自分たちの間でもやっているわけです。

倉山　一九四五年から四八年の間は、それぞれ南はアメリカ、北はソ連の信託委任統治という形を採用しますが、正式な独立の時には〝統一朝鮮〟で、という委員会も実はつくられています。だから、四八年の五・一〇の総選挙の前に、北でも選挙をやろうと言い出すのですが、そんな話がまとまるわけがない。金日成もノコノコとその委員会に出てきたりしています。

宮脇　一九四九年六月三十日、北朝鮮労働党と南朝鮮労働党が合併して朝鮮労働党結成。つまり、南にも朝鮮労働党があることになっているわけです。その人たちに対する弾圧ということで、李承晩は虐殺をしまくるということですね。南は北と一緒になりたい人たちがウロウロして、いろいろな工作をするので、それを抑えようということではある。そして、金日成はその党首の中央委員会委員長に〝選出〟されています。選出と言ったって、どうやって選出したんでしょうね。

倉山　マトモな頭で考えたら、「日帝三十六年」と、一九四五年から四八年までの三年間と、どちらがマシかという話ですが、戦後の三年間のほうが圧倒的に悲惨です。日本人は住民虐殺をやらせていないですからね。

はっきり言って、日本は国を挙げた人道支援みたいなことをやっていた。もう一つ日本史の立場から言えるのは、この期に及んで、さっき言った日本人顧問だけが統治してまじめに仕事をしている。アメリカ人と韓国人、ソ連人と朝鮮人、みんなでたらめです。

宮脇　併合時代は餓死もないんですからね。一九四五年に各地方の役所から日本人がみんな追い出され、去っていなくなりました。それでみんなで送別会をするのですが、日本人の送別会の時はお茶とお菓子だけの茶話会なんですって。それで、そのあとに元両班だの何だの、朝鮮人の役人がどっと来たら、「妓生《キーセン》を出せの、料理がどうの」と、まわりの人間に言ったので、初めてそこで「日本の役人にはこんなのいなかったなあ」という、そういう話はずいぶんあります。まだいろいろなところに日本人が残っていましたし。

日本人は本当に粛然《しゆくぜん》と「立つ鳥、跡を濁《にご》さず」に去っていったし、きちんとしていて酒なんか役所で一滴も飲まなかった。お茶しか飲まなかった。ところが、朝鮮人の役人が来たとたんに、元通りの両班の世界に戻ってしまったそうです。

器量が大きくてウソをつくのが平気という人たち

倉山　宮脇先生、ちょっと基本的な事実の確認なんですが、「スターリン→毛沢東→金日成」を縦の指揮系統だと誤解している人がけっこう多いのです。実際には、金日成はスターリンからも直接指揮されていましたね。

宮脇　そうです。私が『真実の満洲史』で書いているように、スターリンと毛沢東は化《ば》かし合いをやっておりまして、金日成は最初スターリンに南に攻めて行きたいと言ったら、スターリンがすごく渋った。それで金日成は毛沢東と交渉を始めました。

倉山　そして、パルチザン時代から、金日成と毛沢東の間の線がないのを除けば同じですよね。別に金日成は毛沢東の部下ではないですよね。

宮脇　はい、全然部下ではありません。そうなるのが嫌だからソ連側に行ったようなものというか、金日成自身がもともと中国と何の関係もありませんでした。ただ、まわりにいた子分や関係する人たちの中に毛沢東とつながっている人や、満洲の人や、いろいろな人が集まって動き始めたので、中で権力闘争をしたわけです。中国共産党とまったく同じです。

中国共産党というのは、組織というよりも、ひたすら人間関係なんです。属するのはモスクワ派かどこ派か、どこと顔がつながっているか、みたいなことで、お互いに、どっちが金をたくさん取ってきたの、上だの下だので大騒ぎするのであって、副主席だとか何だとか役職があったとしても、そんなことはまったく無関係です。役職と無関係に勝手に動くのが大陸の人間関係です。

ですから、金日成はスターリンと仲がいいことを使って毛沢東と交渉した。毛沢東とスターリンは二十世紀最大の化かし合いで、二人とも煮ても焼いても食えない人たちです。

倉山　今の習近平《しゅうきんぺい》とプーチンも、いちおう二つも同盟条約を結んでいますね。

宮脇　あの二人からすれば、やっぱり習近平もプーチンも小物です。

倉山　でも、あの二人に張り合える人物はまずいないので、ちょっと別格として。

宮脇　あちらの大陸の政府は、いつだって人間の器量が大きくてウソをつくのが平気という人たちしか生き残らないので、最終的に首脳同士の化かし合いに入るわけだけれど、毛沢東は結局スターリンに勝ったんですよね。すごいですね。スターリンは朝鮮戦争の最中に暗殺されてしまいましたから。

倉山　スターリンは暗殺なんですか？

宮脇　暗殺だという噂です。スターリンは最後の最後まで暗殺を用心していたんですよ。それが、朝鮮戦争の最中に死んでしまうんですから、怪しい。彼にしてみれば、がっかりじゃないですか。

倉山　暗殺の噂は確かにありますが。ともあれ、スターリンが死んだから停戦できた。最終的に毛沢東の勝ちですね。

宮脇　おかげで戦争が終わったんですから。そして、毛沢東は生き残って満洲を取ったわけです。しかも、「俺がもう世界中の共産党の一番だ、ソ連は修正主義に陥《おちい》った」と言って、フルシチョフを攻撃した。

倉山　これも後出しジャンケンで、フルシチョフがスターリン批判を始めた瞬間にそれをやる。待ち構えているんです。

宮脇　中国共産党は、陳独秀とか李大釗とか、比較的真っ当なところからスタートしているのに、毛沢東が全部乗っ取っていって、スターリンが送り込んだモスクワ帰りの優秀な人たちをみんな排除して、最終的に勝ち残っています。表だって見えないように、中国式の嫌がらせをしたんです。外国から帰ってきた人は中国の内情は全然わからないわけですよ。奥地のこともわからない。農民のこともわからない。だから、戦争が下手だと言って彼らを見殺しにしたり、不利なところへ巻き込んだり追いやったり、僻地に回らせたり、いろいろな手を使って、もう本当に『水滸伝《すいこでん》』と『三国志《さんごくし》』の世界です。そうやって延安まで来たら彼一人になっていた。すごいことです。

「長征《ちょうせい》」なんて、わざわざあんな大回りしたのは、あれは全部ライバル蹴落とし作戦ですよ。途中で、ものすごく行きにくいところとか、地の利の悪いところとか、天候の悪いところとかで、援軍を送らずに一人ずつ見殺しにしていって、「あいつらは中国がわからないから戦争が下手だった」と言う。

毛沢東は本当にすごい。そして、同じようなやり方をスターリン相手にも用いたわけです。スターリンはイライラするんだけど、その相手はやっぱり違う人種であり、違う背景の人数を抱えていて、あの手この手でくる。毛沢東がいなかったら、満洲はソ連になっていたはずですから。朝鮮戦争が終わるまで満洲はソ連でした。朝鮮戦争を期に「中国軍がいなかったら勝てなかっただろう」「兵隊を出したのは中国なんだから」と、中国が満洲をソ連から取り上げたわけです。

倉山　国共内戦のために毛沢東が延安からモンゴルを通って真っ先に満洲に乗り込んで行ったんですね。「蒋介石と戦うから物資をよこせ」と言って日本軍が置いていった武器と物資を全部持って南に攻め込んでいきますが、満洲にもいちおう残しておいた。それでスターリンが死んだあと、結局ドサクサに紛れて、それをもらうと。

宮脇　ソ連は満洲帝国皇帝の溥儀をまずハバロフスクへ連れていきました。弟の溥傑《ふけつ》から大臣から、みんな捕らえて行ったんです。あれは本当に〝ソ連傀儡〟満洲国をつくる準備でした。だって、ソ連にしてみたら、日露戦争の敗戦が腹が立ってしようがないわけですよ。やっと日本を蹴散らしたのだから、満洲は自分たちのものだって思うじゃないですか。日露戦争で日本さえ来なかったら、満洲はソ連領だったんです。

それでソ連は日本を追いやるために、それこそ宣戦布告でも何でもして、アメリカと仲良くして見せて、そして一気に北朝鮮までガーッと来たわけでしょう。旅順《りよじゅん》・大連《だいれん》もそのとき取り返したんですから。

旧東清《とうしん》鉄道（ロシアが満洲北部に建設）を基にした「満洲国鉄」と、「満鉄《まんてつ》」（南満洲鉄道）は別の組織なんです。満鉄は半官半民の会社で、満洲国ができた時に満洲国鉄全部を委託されていたんですが、それらを全部ソ連が接収しました。中国人と合弁という形でしたが、朝鮮戦争の時は、港も鉄道もまだ完全にソ連の支配下にありました。

八路《はちろ》軍（支那事変期に華北で活動した中国共産党軍の通称）は、ソ連が満洲を押さえたあとで、自分たちの子分として、モスクワの言うことを聞くと見なして入れただけです。

倉山　関東軍は一切毛沢東とは戦っていませんね。関東軍が全員駆逐されて捕虜になってから、のうのうと毛沢東は入ってきただけです。「俺は今から蒋介石と戦うから、あんたは見ていていい」などと言って、ソ連が日本から接収した武器を全部もらっています。

宮脇　ソ連がそうやって蒋介石の邪魔をしたのです。八路軍からすれば、ソ連に邪魔をしてもらったわけです。蒋介石が「だいたい、会議までやって正式な条約（一九四五年八月十四日）で中国の代表は蒋介石だとソ連も認めているじゃないか。だから満洲もよこせ」と言ったら、ソ連があれこれ難癖《なんくせ》をつけて港を封鎖し、国民党軍、蒋介石軍を満洲に上陸させませんでした。それで、アメリカが重慶《じゅうけい》から兵隊を空輸しているんです。

あの頃の満洲は、すごいことになっていたんですよ。一般の日本人はただ負けたというだけで、そんなことを知りもしませんが。

“朝鮮そっちのけ”の朝鮮戦争

宮脇　一九五〇年六月二十五日、北朝鮮軍が三十八度線を越えて朝鮮戦争が始まります。ウィキペディアの「金日成」にも、「朝鮮戦争が始まった。南進の理由については諸説あり、スターリンの指示によるものであったという説、朝鮮人民軍の一部が暴走してしまったという説、金日成自身の指示があったという説がある」(二〇一四年七月時点)といろいろ書いていますが、金日成の指示があったのは当たり前でしょう。

そして、ソウルで突如として進軍を停止しています。何があったのですか。

倉山　侵攻から三日後の六月二十八日にソウルで止まったのは、韓国史で「謎の三日間」と言われているらしいです。「宴会をやっていて進撃をやめた」というのがたぶん正解であろうと。そして、いきなりスパイ狩りを始めたんです。昼はスパイ狩り、夜は大宴会。戦争中にやることか。敵正規軍を追撃しなければならないのに。

宮脇　やりそうです。九月にアメリカが反撃を開始すると北朝鮮軍は敗走して、金日成は自分の家族を疎開させたあと、平壌を脱出して通化《つうか》に亡命してしまったんです。北朝鮮から逃げて満洲に入っています。逃げ出したことは内緒になっているそうです。
倉山　マッカーサーが仁川上陸でまぐれ当たりをやってしまうんですね。通路は日清・日露戦争のままですが。
宮脇　これもウィキペディアなんですけどね、「十月に中華人民共和国が参戦して中国人民志願軍を派遣したことによってアメリカを押し戻し」、「しかし、志願軍および朝鮮人民軍は中朝連合司令部の指揮下に置かれ、金日成が直接指導できる軍はもうなくなってしまった」と。「人民志願軍」だなんて、ウソばっかり。
倉山　もう完全に毛沢東の指揮下ですよね。当たり前の話です。
宮脇　さらに、「戦局は三十八度線付近で膠着《こうちゃく》状態に陥り、休戦交渉が本格化し、一九五三年二月七日、金日成は最高人民会議常任委員会政令により、朝鮮戦争における指揮功績を認められ、朝鮮民主主義人民共和国元帥の称号を授与され、同年六月休戦が成立して平壌に帰還した」なんて〝北朝鮮視点〟で書いてあるけど、それまでは金日成は北朝鮮にいないんですよ。すごいなあ。満洲抗日パルチザン出身者たちが金日成を取り巻いていて、その人たちが最初はほかの派を全部粛清していって、最終的にその中で金日成が生き残ったという順番です。

倉山　満洲にいた間に毛沢東と取引きしたんでしょうね。粛清は北も南も似たり寄ったりですが。

宮脇　そうですよね。最初に粛清したのが南から駆けつけてきた労働運動家、次に延安派を放り出し、ソ連派を帰国させ、「満洲抗日パルチザン」と言われた金日成が本物だったかどうかわかりませんが、自派の満洲派も粛清、という順番です。

倉山　金日成は結局、スターリンと毛沢東ばかり見ています。アメリカすら実は見ていない。だから、金日成が何か妄想を抱いて、「じゃあ南を武力統一しちゃおう」と言った。スターリンが「やめておけ」と言うのを毛沢東が「やれ、やれ」と言ってしまって、それで両方天秤にかけていきなり突っ込んでいった。勢い余って調子に乗って釜山以外全部押さえたと思ったらマッカーサーが突っ込んできて北朝鮮を全部取り返された。

マッカーサーもお調子者で、毛沢東が「やめとけよ」と言うのを鴨緑江まで来てしまったので、毛沢東が押し返したという、まあ、〝バカ合戦〟です。

そして、スターリンの心境なんて一次史料があるわけないのですが、たぶん彼の思考回路から考えて、最初は反対していたけれど、いざ始まったら、「じゃあアメリカを引き込んで毛沢東と潰し合いをさせよう。毛沢東が自らやりたいと言うんだから、どっちが勝ってもいいや」というところではないですか。スターリンからすれば、最悪、南満洲を捨てても構わない。むしろ、実はウラジヴォストークを落とされるほうが問題です。

スターリンというのは、良く言えば細心、悪く言えば臆病なところがあるということを前提にしないと何もわからない人なんです。スターリンが日本の復活と現実のアメリカのどちらが怖かったかというのは、とてもおもしろいテーマになると思います。

宮脇　スターリンは日本をものすごく怖がっていましたね。やはり日露戦争の記憶というのはロシア人には大きかった。しかも、ロシア革命の時にシベリアまであれだけの人数で来た、もう一回あれをやられたらかなわないという気持ちはすごくありました。

金日成が最初ソ連に寄って行って冷たくされたのは、ソ連はアメリカと張り合っているんだから、そんな勝手なことをされたら困ると思ったからです。アメリカがどう出るかわからない以上、動けません。これに対し、毛沢東が「いいよ」と言ったのは、満洲にいた親日派と内モンゴル軍が全部邪魔なので、もうとにかくどこかに出して殺したいわけですよ。だから、旧満洲国軍と内モンゴルの軍隊はほとんど朝鮮戦争で死んでいます。

倉山　国共内戦が終わったところなので、口減らしのための侵略戦争という中国の法則ですね。負けても口減らしだと。

そもそもの朝鮮戦争勃発のきっかけは金日成のたわごとです。導火線は金日成、火をつけたのはスターリンと毛沢東でした。そして、毛沢東とスターリンは同盟国のくせに敵国のような交渉ばかりやっています。

このとき、たしか毛沢東が周恩来《しゅうおんらい》を連れて三カ月間モスクワに滞在しています。ソ連は蔣介石の中華民国と一九四五年八月十四日にソ中条約を結んでいるので、それを自分たちと結び直せといった交渉をやっている。当然満洲も話題になっていて、満洲にはすでに高崗《こうこう》という邪魔者がいるわけなんですよね。

宮脇 毛沢東にとって邪魔者ということですね。溥儀が使い物にならないとわかったソ連は別の傀儡をつくろうとした。それで、ソ連がかわいがっている高崗を満洲のトップにして、上から落下傘で東北人民政府主席にしています。

倉山 何をやっていた人か、さっぱりわからないですよね。

宮脇 毛沢東が粛清したので、記録も消されてしまって、あと何も出てこないのです。

倉山 公式プロフィールはどうなっていますか。

宮脇 「一九〇五年、陝西省《せんせい》生まれ、共産党入党。第一次国共内戦で西北根拠地を建設。第二次国共内戦で満洲で活動」というプロフィールがあります。そして、「一九四五年、第七期党中央委員会第一回全体会議で中央政治局員に選出され、東北人民政府主席」です。ものすごく高い地位です。つまり、ソ連が気に入っていたということです。

倉山　昔の矢吹晋《やぶきすすむ》さんの本（『文化大革命』講談社現代新書　一九八九年）を読むと、朱徳《しゅとく》、周恩来、高崗で四大実力者みたいな言い方をしています。しかし、高崗の死にざまがすごいんですよね。毛沢東、周恩来、朱徳、鄧小平《とうしょうへい》、陳雲《ちんうん》ら建国十大元帥全員で、北京に呼び出していびり倒すという恐ろしいことをした。高崗は自殺未遂を起こしています。

宮脇　スターリンが死んでしまったとたんに、もう後ろ盾がないものだからいびり殺されたんです。最後は吊るしあげられて自殺ですね。一九五四年です。

倉山　やっぱり毛沢東とスターリンやヒトラーの違いがあります。スターリン、ヒトラーって、はっきり言って大戦略家ではあるけれど直接の戦争指導そのものは下手なんですね。グランドストラテジーはあるけど軍事戦略はない人たちなんですよ。毛沢東は実際のところはともかく、いちおう伝えられた事実として、自分が死ぬかもしれない戦場を兵士と一緒に歩いているんです。ヒトラー、スターリンは執務室の中にいるだけなので、やっぱりその差なんですよね、毛沢東がスターリンに勝ったというのは。

朝鮮戦争の戦争設計は実に見事です。アメリカは地球の半分を味方につけてやっとこさ引き分けという、負けに等しい引き分けでした。

宮脇　でも、ソ連はアメリカを朝鮮戦争に引きずり込むために、国連の安全保障理事会をあえて欠席したでしょう。国連軍の参戦が可決されやすいようにしたんです。

アメリカの参戦はスターリンとともに毛沢東も望んだことで、スターリンと毛沢東の話し合いにより、人間は全部中国が出す、中国軍が全面的にやるということになりました。そして、「人海作戦《じんかい》」を展開して、消したい軍隊をもう全部ぶち込んで殺したんです。それでスターリンに恩を売って、結局スターリンが死んでしまったあとは、満洲はもともと中国だからと、毛沢東の思うとおりになっていった。何かいろいろあって、フルシチョフは面倒くさくなったんです。というより、とても政治的に毛沢東の敵ではありませんでした。

倉山　だから、気づきました？　朝鮮戦争なのに、いつの間にか朝鮮がいなくなっている。朝鮮戦争はスターリンと毛沢東の駆け引きがメインです。アメリカはつねにソ中の後手後手なんですよね。

宮脇　そのとおりです。アメリカは下手くそでした。毛沢東はフルシチョフに「東風は西風を圧《あっ》す」、東の風が西の風を圧倒すると言ったんです。北朝鮮はあいかわらず、とくに何も生み出さないから、北朝鮮自体は何のアクターでもない。

倉山　毛沢東にとっては満洲を守るために北朝鮮が欲しかった。三十八度線が多少北にずれるぐらいは全然構わなくて満洲が目的なので、三十八度線がちょっと微妙に〝波形〟になったとはしゃいでいるアメリカ人はバカなんです。最低限の引き分けに持ち込む大義名分にすぎない。

毛沢東は、実は三十八度線より南に行かないと最初から決めていました。しかし、日本でも攪乱《かくらん》工作をやっていて、その当時、いろいろな暴動事件を起こしています。

日本史の話ですが、吉田茂《よしだしげる》がなぜ、再軍備の前に警察予備隊の編成から入ったかというと、将来は軍隊にするというのはあるにしても、やはり治安問題が喫緊《きっきん》の課題だったので、武装組織が必要だったからでしょう。今は忘れられていますが。

宮脇　今の日本ではあまり表立っては見えなくなりましたが、当時、中国による攪乱はすごかったですから。今だって精神的に攪乱されているわけでしょう。毛沢東はずっとやっていましたからね。毛沢東は本当に政治力がありますね。さすが中国人です。

倉山　奇妙なことに、今の韓国の教科書では朝鮮戦争の表記は「六・二五戦争」なんです。もはや「韓国戦争」とは呼ばない。それまで主観的なことばかり書いていて、何でこれだけが六・二五戦争という〝客観的〟な記述なのか。最近はとくに韓国は北朝鮮に甘いです。

宮脇　それはやっぱり精神的に攪乱されているんですよ。共産主義はいつ頃からなのか、最初からなのか、本当に攪乱と人心掌握《じんしんしょうあく》という、情報戦のマニュアルがしっかりあります。
倉山　『韓国近現代の歴史』では、朝鮮戦争の次に李承晩が倒れる章になるんですけど、真っ先に何が書いてあるかというと、「六・二五戦争真っ最中の一九五二年、首都を釜山に避難。李承晩政府が国会を強制的に解散させるために釜山一帯に戒厳令を下し、国際共産党の資金をこっそりと受けたという疑惑で国会議員五十人余りを憲兵隊に連行した。国内外でこれを非難する世論が沸き立つと、国会解散はひとまず留保されたが、警察が国会を包囲した中で起立採決によって、いわゆる抜粋改憲案が通過した。なぜ李承晩政府はこのようなことを押し切ったのだろうか」というのが学習の狙いになっています。もうどうしようもないくらい、韓国人は李承晩が嫌いなんです。
そして、さらに続くのはそのやり方で、すごいですよ。「戦争中に李承晩大統領は自らの私組織と何ら変わらない自由党を組織して、独裁政治を強化した」のだそうです。ナチスと一緒で、暴力団が政党を名乗っている。その上で、「居昌《コチャン》で良民五百人余りを共産軍の嫌疑で虐殺した事件が暴露され、国民防衛軍事件が起きるなど、度重なる失政によって国会議員の支持を失ったため、国会で大統領を選ぶ間接選挙では大統領に再選されるのが難しかった。これに対し、李承晩大統領は暴力団を動員、国会議員を脅迫して大統領直選制を主な内容とする抜粋改憲案を通過させた」。

これが一九五二年です。五〇年から五二年にかけて、戦争中に、戦争そっちのけでこんなことばかりやっています。

さらに停戦後、「四捨五入改憲」（一九五四年）というのをやっています。改憲に必要な百三十六票に一票足りなくて否決されたのですが、著名な数学者を動員して、「四捨五入を適用すれば通過になる」と言って改憲案が通過したのが四捨五入改憲です。頭が痛い。

宮脇　だから、日本人はこの頃、韓国のことは嫌いなんですよね。日本の知識人は李承晩のせいで韓国をバカにしきっていて、だから早く北朝鮮の統一が見たいというムードだった。李承晩ライン（一九五二年）もあるし、竹島《たけしま》も取られたし（一九五三年）。

倉山　おっしゃるとおり、当時の日本は韓国が大嫌いです。吉田茂が「河野《こうの》、スカルノ、李承晩」って言ったじゃないですか。河野一郎《いちろう》とインドネシアのスカルノも嫌いで有名でした。

李承晩ラインはいきなり朝鮮戦争の真っ最中に、李承晩が「ここはうちのものだ」とやった。ただそれだけで、日本が占領下なので結局何もできなかった。その後も日本が竹島を取り返しに行っていないという話です。朴正熙は竹島を、「じゃあ、そんなに問題があるのなら破壊してしまいましょうか」と提言しています。以後、うやむやのまま先送りなんですが。うやむやというのは必ずしも悪くないと思いますけどね。外交問題というのはつねにそういうもので、日本人は〝問題を解決しなきゃいけない病〟がひどすぎるんです。

宮脇　地図を見ると、竹島どころか、韓国は北朝鮮の領土まで全部入っているでしょう。北は北で自分のところが全半島を支配していると言うし、南は南で自分のところが全部と言っている。言った者勝ちの人たちなので。さすがに対馬は入れていませんが、でも、韓国が主張する国境は、海の真ん中ではなく、対馬の海岸ギリギリまで来ています。本当だったら両国の中間線でしょう。日本人だったらそうしますよね。でも、そういう考え方はしない。

最後まで〝国民そっちのけ〟の李承晩

倉山　李承晩は、戦後しばらく持ちこたえて、失脚は一九六〇年になるんです。ただひたすら反対派を潰して、しかし「侵略戦争する能力がないヒトラー」なんです。唯一成功したのが李承晩ラインで竹島を取ったことです。救いようがない。

大爆笑したのが『韓国現代史――切手でたどる60年』（内藤陽介　福村出版　二〇〇八年）という本に出ている「初代大統領李承晩切手」で、投票日の前につくっています。一事が万事こんな話が書かれた本で、とても実証的なので大爆笑しました。何で投票日の前に「初代大統領切手」なんかつくってるんだ、お前は？　フライングにも程がある！

ずっとそんなことばかりやっていて、学生とか大学教授とか、知識人層がデモを起こすわけですよ。当然韓国のデモなので暴動つきで、途中にある派出所で警官を拉致しながら行進するらしいんですね。これは全斗煥《ぜんとかん》（チョン・ドゥファン）時代までそうです。なぜかというと、逮捕された仲間を人質交換として交換するためです。

拉致は朝鮮半島の伝統なんですよ。中国のほうでも伝統になっているんですが、朝鮮のほうがもっとすごいです。だって、民主化側がやるんですよ。遵法《じゅんぽう》精神がないので。

宮脇　遵法精神は本当にないですね。

倉山　すごいですよね。デモに高校生が参加したら、銃や催涙弾を発射して平気で殺して、事実を隠すために死体まで海に捨ててしまう。いちおう日本でも高校生が学生運動をやっていましたが、殺されてはいません。結果として亡くなった人はいますが、一人も殺されていません。憲法判例を見るといろいろ興味深くて、日本でも高校生が学校に爆弾を仕掛けて逃げて、牧師に説教されて自首したというような興味深い事件もありますが。

それはそうと、一九六〇年の「四・一九革命」で学生数万人がソウルに溢れ、暴力団と大学生の乱闘が始まる。戒厳令を宣言し、それでも学生たちが収まらず、その時につくられたシュプレヒコールが、「李大統領はただちに引け、不正選挙を二度とするな、殺人鬼を処断せよ」。

日本の安保闘争と同じ年です。日本の真似が好きなんです。その一週間後の四月二十六日に李承晩が下野、五月にハワイに亡命、十二年間国民を抑圧していた政府が倒れ、暫定内閣ができるというのが李承晩の終わりです。こうして半島の歴史を見ると、つくづく日本って平和だなと思いました。

なぜ、金一家が権力掌握できたのか

倉山　一九五三年にスターリンが死ぬことで、朝鮮戦争は停戦になり、わけもわからず韓国は元の李承晩独裁に戻り、腐敗と恐怖政治が続いて、「結局、何のための戦争だったのか」と、ついに李承晩は追い出されましたが、一方の北朝鮮は敗戦責任の追及をさせませんでしたね。

宮脇　金日成がライバルを全員順番に粛清していくんですが、朝鮮戦争の時、彼は吉林省に逃げていた。だから、金正日《キムジョンイル》は吉林省の小学校に通っていたんです。

倉山　そうか。八歳ですもんね。

宮脇　そうなんです。「本名金成柱《キムソンジュ》の金日成」がソ連の援助で指導者になると言っても、最初の政治体制では首相です。一九七二年まで初代内閣首相なんです。そのあと国家主席になります。

今の金正恩《キムジョンウン》も最高指導者ですが、肩書は元帥、将軍、軍の指導者とかいろいろあって、よくわかりません。

なぜかと言うと、まず、金日成、つまり〝一世〟が一九九四年に亡くなるのですが、それからあと誰も主席にならないんです。四年後の一九九八年に改憲して金日成が「永遠の主席」になり、主席制度が廃止されたので、その後は絶対に金正日を子供と言わない。つまり、公式には、血縁だから継いだのではない。「一番正しく一番優秀な継承者である」としか言わない。公には北朝鮮は世襲制を否定しています。いちおう社会主義ですから。
倉山　金正日は対外的には国防委員長でした。主席は永久欠番ということですね。やっていることは李氏朝鮮そのものですが。
宮脇　ウソつきぶりにかけては北も南も最初からどっちもどっちで、言っていることとやっていることが、まったく違います。日本人はあまりそういうことを指摘しようとしませんが、金日成も金正日も英雄の称号を三回受賞して、「三重英雄」だそうですよ。なぜかなんて、そんなことは全然わかりませんが。
いずれにせよ、一九四八年から七二年までは、金日成は首相で、七二年から国家主席です。その途中で、朝鮮労働党党首だとか、中央委員会委員長だとか、総書記だとか、何かよくわからない称号がいろいろ出てくるのですが、何のために変えたか外からはわかりません。でも、もちろん何かそれぞれの理由があって、反対派の粛清をする時にどうだとか、こういう体制にしますとかいうことで称号を変えるんです。
北も南も朝鮮半島に特徴的なことは、自分たちは「主体《チユチェ》思想」だとか言っている割には、まったくどこかのコピーでしかないことです。
やっぱり劣等感ですよね。自分たちのところから何も生んでいないので、よその形を真似してきては、自分たちのところに移し替える。だから一番上の称号まで変えるんでしょう。

倉山　スターリンも同じように〝肩書きごっこ〟が大好きです。ところが、北朝鮮はファシズムですらないという意味不明な体制になりました。ファシズムというのは国家の上に一国一党の独裁党がある体制のことですが、北朝鮮は国家よりも政府のほうが上で、つまり搾取体制です。その政府をさらに党が指導して、党よりも軍のほうが実権を持っていて、さらにまた秘密警察が上に来て、その秘密警察を握っている党幹部がいて、さらにまた彼らを監視する軍秘密警察がいて、その上に今の三代目がいて、永久欠番の二代目がいて、永久欠番の初代がいる。国家なんて十番目くらいです。国家なんてどうでもいいという体制です。ソ連の斜め上をいっています。

宮脇　それは何なんでしょう。権力のためには何でもするというか、名前を変えていくという考え方なんでしょうか。古田博司さんによれば朝鮮人は正直だと言います。まず形をつくったりしないし、見栄も張らないし、全部自分たちの勝手にしたいことを言ったりしたりすると言っていますけど。

倉山　建前論が大好きなくせに、形式合理性がまったくない。結局どうでもいいんですよね。メンツが大事なだけで、その場しのぎの綺麗事《きれいごと》を言っているだけなので。

一九五五年に主体思想をひねり出しますが、要するに権力闘争です。敗戦責任を追及しそうな人間を金日成が片っ端から粛清している。自分が戦争を始めたくせに、軍を粛清しまくっています。軍規律の低下に対して、飲酒や部下への高慢さが目立つとして片っ端から粛清しました。

宮脇 どうしてそんなことが可能なんですか。どうしてそんなに人を粛清することができるんでしょう。あんなぺーぺーで戻ってきて、権力闘争に勝つというのが不思議なんですが。

倉山 ソ連のバックで秘密警察的にやるんです。彼はファシズム体質・秘密警察体質で、北朝鮮の場合はファシズムもどきですけど、軍に対して秘密警察をぶつけるんです。ソ連の三権分立が党と秘密警察と軍だったじゃないですか。軍よりも秘密警察が強く、秘密警察より党が強く、党よりも軍が強いという力のバランスだけで。

宮脇 それだけで回っていて、それを上手に使うということですか。

倉山 はい。中国もそうですよね。党と秘密警察は基本的に一体ですけど。

宮脇 でも、中国の場合は広くて軍の規模も大きいですし、それぞれの地方で軍同士のライバル関係があります。北朝鮮みたいに小さくて、人も少なくて、お金も少ないと、それで集中できたんでしょうか。

倉山　小さいほうがむしろやりやすいでしょう。

宮脇　初めは、もともと日韓併合中に朝鮮半島の中で抗日や社会主義運動をやっていた人間を、独立してから、いろいろな難癖をつけて全員粛清したわけですよね。だって、自分たちはソ連から入ってきたので、その人たちのほうが正統性があるわけですから。

そして、自分のまわりにいたソ連派、というよりも満洲派とソ連派の合体したようなシンパを使って、のし上がって権力を持つわけでしょう。さらに今度は満洲派から順番に粛清していって、ソ連派は結局、金日成に権力集中してきた時に、もうこれ以上は何のいいこともないというので、やられる前にソ連へ逃げ帰った。彼らはまだ逃げるところがあったので。

倉山　『現代朝鮮の興亡』という本が非常におもしろいのが、金日成って北朝鮮内で何派だと思います？　中国派とかソ連派とかあるじゃないですか。パルチザン派だそうです。

宮脇　それが要するに最後に生き残ったアイデンティティというか。まあ言ってみれば完全なウソですが。ライバルを潰す時に自分の拠《よ》って立つのが、「俺は満洲でパルチザンだった」という物語なんですね。

倉山　つまり、ソ連べったりな奴も中国べったりな奴も潰していく。金日成が聞き分けがないので、ソ連のミコヤン（のちの連邦最高会議幹部会議長）と中国の彭徳懐《ほうとくかい》（副総理および国防部長）が二人で平壌に乗り込んで、「いいかげんにしろ」と叱りにいく。ソ中の親分同士が手を組んだりしているんです。
結局、閔妃と大院君の話もそうですけど、あの国の中では金日成ぐらいしかまとめる人がいなかったんです。それで誰かが幸せになるわけではまったくないんですが。

宮脇　すごいわ、北朝鮮。あんなに小さな国なのに、それだけ何と言うか、ちょっとしたものだということは言えますね。
生き延びるということに対するノウハウというか、才能がすごかった。規模は違うけれど、中国の毛沢東と同じく、粛清に関しては慈悲もなく。

倉山　どうやら北朝鮮には、国内派、ソ連派、中国派、パルチザン派の大きく四つの派閥があったんです。そしてまず、さっき宮脇先生がおっしゃったように国内派を潰しています。フルシチョフのスターリン批判が始まった瞬間に、「俺は個人崇拝は強要していない」「そんなことをやっていたのは国内派だ」といきなり罪を着せてしまう。国内派というのは、日韓併合時代から朝鮮半島内で本当に抗日闘争をやっていた連中です。朴憲永《ぼくけんえい》ら国内派をここで追い出しています。朴憲永なんて本当に抗日をやっていた人でした。

宮脇　共産主義を掲げて本当に戦った人たちですね。しかも朝鮮戦争の時も、その人たちが南にいて呼び込み、北と一緒になって戦った。本来ならば真の英雄です。こういう人たちが一番邪魔でしょう。だって、民衆がみんな知っているわけですからね。「民衆」が存在するかどうかというのは別の問題ですけど。

倉山　次に朴昌玉《ぼくしょうぎょく》のソ連派と対立し、最後に崔昌益《さいしょうえき》率いる中国派を叩き潰したと。中国派に至っては逮捕されてしまったらしいですね。

宮脇　中国派のほうは、やっぱり、あとあと向こうと組まれると困るからでしょう。

倉山　そして一九五六年にミコヤンと彭徳懐が平壌に行くという話になって、その時にはもう金日成の支持が高かった。金日成はこのとき失脚させた人間を元の職務に戻すことに同意したらしいんです。

しかし、その後もずっと粛清を続けています。えんえん一九七二年までずっとやっている。七二年で名前が国家主席に変わったのは、権力闘争で完全に反対派を粛清しきったという景気付けでしょうか。モスクワ帝国がロシア帝国と名前を変えて景気付けに祝ったような話です。

宮脇　金日成の権力集中が法的に正当化された一九七二年以降も、憲法が改正された以降も粛清が展開され、四人子供を産んだ後妻の金聖愛《きんせいあい》も粛清、実弟も失脚、叔父の娘婿《むすめむこ》も失脚。七七年には国家副主席が追放されて、のちに政治犯収容所へ送られています。

倉山　権力闘争に勝ったと、それしか出てこない。本当につまらない。しょうもない人たちですね。

宮脇　つまらない歴史です。一九七七年に公式理念がマルクス・レーニン主義から主体思想になっています。

倉山　あの人たちは本人たち以外にはまったく理解できない理念で動いていますから。一九七二年に憲法でいちおう「マルクス・レーニン主義を我が国において創造的に適用した朝鮮労働党の主体思想」と言っています。「マルクス・レーニン主義から主体思想が出たんだ、我が国の伝統ではそうなんだ」みたいなことを言っています。七七年にはそこからマルクス・レーニン主義を取ってしまったということです。

主体的社会主義とかいって、チトー（ユーゴスラビア大統領）の自主独立社会主義とか、上に形容詞をつけるのが流行ったじゃないですか。これもそれですよね。チトーと違って、中味はまったくないんですけど。

宮脇　真似したわけですね。一九七七年というと、この時のソ連はどうでしたっけ？

倉山　ライバルのアメリカがカーター政権なのでやりたい放題です。アフガン侵攻の直前です。そして、カーターが朴正熙を殺してしまうようなものじゃないですか。

宮脇　ああ、そうか。やっぱり朝鮮史、韓国史を考えていると気持ちが暗くなりますね。

倉山　でも、一九七七年を『現代朝鮮の興亡』ではあまり重視していません。六〇年代にソ連と北朝鮮は正式に軍事同盟を結んでいるので、ソ連にとってはどうでもよかったらしいようです。

宮脇　あまりそういうことも世の中には知られていません。何と言っても鉄のカーテンの向こうだし、何が起こっているかもわからなかった。

倉山　軍事同盟自体は隠してはいないと思います。

宮脇　一九九一年には韓国と一緒に国際連合同時加盟です。まったく「何、それ」って。ソ連がなくなったからという理由で、「もうこれで歴史は終わった、もう平和だ、バンザイ、資本主義は勝った」でしょ。フランシス・フクヤマの『歴史の終わり』が売れたんですよね。

朴正煕は韓国の国父である

倉山　一九六〇年代から七〇年代の北朝鮮をひと言で言うと、金日成は敗戦責任を追及しそうな奴を最終的に皆殺しにするんですが、中ソ論争が始まった中国とソ連は、もう北朝鮮どころではなくなるので上手く立ち回ったということですね。

李承晩のほうは、まったく上手く立ち回れていない。どれぐらい下手くそだったかというと、日本を怒らせてしまいました。日韓国交回復の交渉が始まっているのに、李承晩ラインはやるわ、久保田貫一郎《くぼたかんいちろう》（一九五三年の日韓会談の日本側首席代表）に「植民地支配の謝罪と賠償」を言い続けて「だったら日本のつくったものを全部壊してからものを言え」と一喝《いっかつ》されて沈黙するわ。内政でも例によってヤクザを使って反対派を脅すとか、そんなことばかりやっているので、知識人が一九六〇年に四・一九革命を起こします。

宮脇　十二年もよく持ちましたよね。

倉山　朝鮮戦争が一九五三年に停戦してからも七年続きました。一九六〇年四月二十六日に李承晩が追い払われて、許政《きよせい》という外務大臣に当たる人が暫定政権をつとめたのち、八月に

1953年10月の日韓会談は、日本側首席代表の久保田貫一郎の"失言"により決裂した。当時は強く批判されたが、今ふり返ると、彼の発言は日本の正当な主張である
（写真　毎日新聞社／アフロ）

会談後、韓国側首席代表をつとめた駐日韓国大使が、メディアの前で久保田発言に対する抗議を行なった
（写真　読売新聞／アフロ）

尹潽善《ユンボソン》という人が大統領（二代目）になって、張勉《ちょうべん》（チャン・ミン）が内閣をつくります。張勉はまともなことを言っているんですけれども、結局この人には何の力もなく、翌年の五月十六日に朴正熙がクーデターを起こしています。

李承晩はいちおう選挙で選ばれています。ここは大切な点です。選挙を経ないとアメリカが援助してくれないのでそういう体裁を取るんです。

宮脇 だけれども、内情はいいかげんというか、脅《おど》しと買収ですよね。でも、いちおう選挙はやった。一方の朴正熙はクーデターで政権を握ったので、アメリカ人からすると不当だとか不正だとかいうことになるわけですよね。

倉山 そうなんです。そんな時に韓国が頼るのは日本ということです。朴正熙は本当に軍閥化していたらしいです。完全に軍閥化して私兵になっていて、いつでもクーデターを起こそうという気が満々でした。少将ということは師団長で、部下は一万人強。それだけあれば、韓国のクーデターなんて余裕でできますよね。

宮脇 自分の子分だけしか信用せずに動いたということですね。彼の出身はどこでしたっけ？ なぜこういうことを聞くかというと、韓国ではこのあと地方差とか地方主義とかがだんだん復活するんです。つまり、北と南は信用し合わない。金大中《きんだいちゅう》（キム・デジュン）の出の人たちにとってみても、「（今は北朝鮮の）咸鏡道《かんきょうどう》などは田舎者の狩猟民のいるところだ」とか、ものすごく地方差別がひどいんです。地方差と、加えて階級差ですね、貧乏人の出だとか。これがダブルでくるので、出身というのはけっこう大事なんです。

倉山　朴正熙は慶尚北道《けいしょうほくどう》です。

宮脇　なるほど、日本海側ですね。あまり差別の話は出ませんが、でもやっぱり、元新羅ですから、それはそれでソウルのあたりからすれば別の人たちで信用はしていない。

倉山　「道」が違うと外国みたいなものですね。張勉内閣ができた時から、もうずっとクーデター計画をやっていたそうです。

宮脇　朴正熙のクーデターに対して、民衆はどうだったんでしょうか。

倉山　もう大歓迎です。あと、アメリカにも根回ししています。

宮脇　日本にもでしょう。日本人は「当然だよな」と思うわけですよね。「李承晩は嫌だけど、朴正熙ならいい」と。

倉山　当時は岸信介ですけど、李承晩と岸はめちゃくちゃ仲が悪かったですし、国交をしていませんでした。岸は韓国ロビーの首魁《しゅかい》のように言われますが、朴正熙との関係でそう言われているんです。その政権末期に朴正熙が大統領になって、日本は池田勇人《いけだはやと》なので日韓が最も関係がいい状態になります。

ところで、朴正熙を中国はどう見ていますか。文革《ぶんかく》でそれどころじゃないですか。

宮脇 ええ、全然。

倉山 宮脇先生、ひとことでぶった斬り。このとき、北の金日成は「親ソ反中」なんですよね。みんな「共産主義者は一枚岩」とカン違いしている人が多いので。

宮脇 ああもう、「共産主義者は一枚岩」だなんて、本当に日本人はアホですね。「アメリカが一つ」という思い込みもそうですけど。向こうがどんなにバラエティに富んでいるか、もっと見てくれと。本当は、だからこそ各個撃破だの分裂工作だのができるんですけど。それを日本人は何もしないで、一つの国だと誰か一人を代表に決めて、それ一色で行こうとしますよね。

倉山 金日成が当時「親ソ反中」で、朴正熙に中国など見ないで日本・アメリカと仲が良い。その結果どうなったかというと、朴正熙は「漢江《ハンガン》の奇跡」で所得二十倍増を達成します。二十倍になってもまだGDP世界十八位なんですが。

宮脇　それまでがどんなにひどかったかということです。一方、北朝鮮はひたすらお金がなくなっていく。一九八〇年代以降、ソ連から見放されたからです。ソ連がそもそもやっていけなくなっているから、北朝鮮どころじゃない。もう八〇年代からエネルギー不足が深刻で餓死者が出始めています。

倉山　六〇年代にはすでに地上の楽園じゃないんですよね。日本の遺産は全部朝鮮戦争でなくなっていますので。

宮脇　帰国事業は朝鮮戦争の前からやっていましたが、戦後もやっていました。『朝日新聞』とかが書き立てて。朝鮮戦争の最中なんて、アメリカが邪魔しなければもうちょっとで南も北朝鮮になると思っていたわけでしょう。まったく、「責任とってくれ」ですよ。みんな本当のことを知らないで。

倉山　しかも、北朝鮮で七年計画とか、言葉だけで勝手なことばかりやっている。当時の中国の大躍進とかに比べると、まだ人道的ですが。あれは人の死に方が半端じゃないんで、何千万死んだかわからない。

宮脇　三千万か四千万かですからね。それから文革でそのあと何千万かで、全部合わせて六千万人とか七千万人とか言われています。

文革の時期というのは、すべての組織には悪い奴が必ずいる、ここは一〇パーセントだ、二〇パーセントだというので、二〇パーセントになるまで殺す。だから、殺される側と殺す側のどっちに入るか、文字どおり天国と地獄だから、みんな必死になった。ほとんど全部の組織がそんなふうでした。

倉山　本当に北朝鮮の経済なんか、語る気が起きないくらいくだらなくて。スローガンが並んでいるだけです。本当にこの人たち、物づくりということができない人たちですもんね。

宮脇　そうですね。でも、今の韓国の歴史問題だってそうでしょう。ひたすらスローガンです。

　結局、日韓併合前の議論に戻ってしまいますね。この人たちが国をつくれるかで、伊藤博文も最後は「いや、やっぱりちゃんとした人もいるから国をつくれるんじゃないか」とか、日本人ってその議論ばかりしているんです。「彼らにやらしてもいいんだろうか」とか、「日本人が助けないといけないんじゃないか」とか、だいたいどちらかの意見なんです。

倉山　池田勇人の時に話をまとめていたのを、佐藤栄作《さとうえいさく》の最初の年に「日韓基本条約」（一九六五年）を結び、賠償はしない代わりに援助という名目で韓国の国家予算の二倍の額を日本があげて、「南だけが唯一正統の政府です」というふうに言ってあげて、非常に丸く収まった。中国を無視して日韓が仲良く経済成長しているという〝理想〟の時代です。
これ以上何を望むんだということです。こういう時に「朴正煕を全面的に賛美するな」とか、鵜《う》の目鷹《たか》の目で悪口を探す人がいるんですが、そんなの百も承知の上であえて聞きます。これ以上何ができるんだと。

宮脇　一九六五年の日韓基本条約から一九七二年までがいいんです。七二年は「日中国交正常化」。どこが〝正常化〟だか。「日中国交回復」はもちろん言葉として間違っています。一九四九年に誕生した中華人民共和国との初めての国交だから、「日中国交樹立」と言うのが本当です。

倉山　一九六〇年から六四年が池田勇人で、ここも日韓は悪くないんですよね。正式な国交がないだけで。関わりがなくて、両方とも成長しています。仲良くしましょうよという動きが出ているので、ケンカしないんです。日韓の〝恋愛〟の最中が池田内閣で、結婚して〝新婚〟の間が佐藤内閣ぐらい。たいして交際もしていませんが。
そして、田中角栄《たなかかくえい》と朴正煕も実は意外と悪くありません。だから朴正煕の間はやっぱりともです。それに、日本の外務省がまだ正気でした。

宮脇　韓国は一九九二年に台湾と断交し、中華人民共和国と国交を結んでいます。それまでは、韓国は台湾と国交を持っていたわけです。中華民国とですね。モンゴルと国交を樹立したのもその直前なんです。それまではモンゴル人民共和国がソ連側だったので、モンゴルも北朝鮮と国交を持っていたわけです。いつでも朝鮮半島は二つに分かれていて、オール・オア・ナッシングというか、勝ち組・負け組というか、お互いに相手を抹殺することしか考えていないわけですよ。両方存続というのがないんです。

それなのに、さっきの話で言ったように、一九九一年に両方が一緒に国連に入ったなんて、まったく整合性がありませんね。

倉山　その場の気分だけで外交をやっていますからね、この人たちは。

宮脇　それで、台湾人が言うには、韓国人はすごく冷たくなったと言います。とにかく自分たちのほうが有利だと思ったら相手をさんざんいたぶる。いじめまくる。嫌な人たちです。

倉山　韓国が反日になるのはわかるんですが、反台になるというのはおかしい。「日本の植民地時代、お前らより格上だったんだぞ」と威張る。「どういう性根《しょうね》なんだ、あんたらに」と言いたいですね。脱北者が「喜び組では私のほうが立場が上だった」と、まだ亡命してきても威張るみたいな話です。情けなや。

宮脇　この対談は、日本から見た北朝鮮・韓国、中国から見た北朝鮮・韓国を語ろうというものですが、そちらが二つに分かれてどっちがどっちだと言っているんだったら、もう勝手にやれ、みたいなことになるわけですよね。
安重根の顕彰碑を建設しようと中国と韓国が共闘しているとか、反日共闘だと日本の新聞はガンガン書いていますが、あれは日本よりも北朝鮮に対するあてつけですよ。半島と中国とはずっとそういう関係なんです。
倉山　中韓は朴正熙の時は組んでないですよね。
宮脇　組んでいません。一九九二年までは国交がないので。あくまで中国にとってのコリアというのは九二年までは北朝鮮だったわけです。ところが、韓国と中国が国交を樹立してしまった。間に入った北朝鮮はおもしろくないですよね。
倉山　おもしろくないでしょうね。北朝鮮もソ連に付いてさんざん中国に楯突いたんですから。朴正熙はどっちかと言えば中国は無視していましたね。国交を結んでいないですし。
宮脇　無視も何も、何ら関係がなく、しかも中国自体がずっと弱いでしょう。金がない時代は無視していてもいいわけですよ。
倉山　朴正熙の絶頂期というのは中国が文革で関われない時で、非常に美味しい時期なんですね。ところが、その陰りが見えるのがベトナム戦争です。アメリカがそこでベトナムで下手《た》を打ってしまう。アメリカがなぜ李承晩を支えるかというと、反共政策の一環です。アイゼンハワーが李承晩のところに行く話（一九五二年と李承晩失脚直後の一九六〇年）があったりするのも全部そうです。

かたや朴正煕が強くなりすぎるのは嫌だけれども、軍事政権でもいいかと。選挙をやっておけば、まあそれでいいことにしようというのがアメリカの基本政策なんです。「本音が反共、建前が民主主義」の時代です。

朴正煕としては「中国と付き合わなくていいや」だし、アメリカは多少ややこしいけれども適当に頭を下げておけば悪いことにはならないし、そして日本のお金で「漢江の奇跡」です。ソ連に対しては、これまた北朝鮮がクッションなんです。

一九六八年に北朝鮮特殊部隊による青瓦台《せいがだい》襲撃事件が起こります。ニクソンがベトナム戦争の泥沼化を受けてキッシンジャーによる中ソとの協調路線で下手を打ってしまって、結局どうにもならない中で、「韓国が強くなるのも嫌だ、ましてや核武装なんか許さん」ということになります。朴正煕の核開発着手というのは実は意外と早くて、一九五九年です。五六年にアメリカと原子力協定を調印していて、本格的にやるのが朴正煕からです。

オイルショックで原子力に移行するのが日本と同時期です。朴正煕は日本と歩調を合わせているようなところがあります。彼は本当に心性が日本人に近い、まともな人ですね。

宮脇　けれども、表向きは反日を言わないとやっていけない。それが、韓国のしようがない部分です。

倉山　韓国はそういうものなので。たとえば、『韓国現代史──切手でたどる60年』によると、「亀甲船《きっこう》を描く『海戦大勝三百七十年切手』」で豊臣秀吉に〝勝った〟ことを朴正煕時代に祝っています。一九六一年に「光復十六周年切手」というのもあります。

こういうふうに、いちおう「私は親日派ではないですよ」というパフォーマンスも当然やるわけなんですよね。黒田勝弘《くろだかつひろ》さん（産経新聞のソウル支局駐在記者）が大好きな時代です、「昼反日、夜親日」という。黒田さんはもうそれをずっと言っているんですけど。

宮脇　黒田さんは『新潮45』でおもしろいことを書いていました。韓国の情報が日本にあまりにもよく入ってくるようになったので、韓国人がものすごく反日を言っていることが日本人にわかってしまったけれど、こんなのは昔からずっとそうだったんだと。

彼らは当たり前に普通にやっているだけで、本気というわけでもないけれど、日本人は根がまじめなので、言っていることを全部本気に取って怒り出したんだと。もちろん自業自得なのですが、でも、韓国人は「え、今頃何で？」「これ、ずっと昔からなんだけど」みたいな反応だと言っています。そして、反日をいっぱい言っている割には日本をモデルにして、何でも日本の真似をして、日本では今何が流行っているとか言っては気にして、それを使っていて、それで口では反日を言うんだと。

それは朴正煕の時代からずっとそうで、彼らはずっと同じなんだというんです。ところが、情報化社会とネットのせいもあり、日本人がその事実を知るようになった。それで黒田さんは、韓国の中の反日事件の情報について日本でのほうがよく知られていて、「ソウルにいたときにはそんなことを全然知らなかったのに、日本に戻って聞いてびっくりする」と書いていています。これは本当だと思います。黒田さんは実際に見たままを書いているわけですから、そうなんだろうなと思いますよ。

倉山　朴正煕時代の『朝日新聞』を検証するとすごいですよ。「アジアのヒトラー」扱いですもんね、朝日にかかったら。「悪の帝国」とかボロクソですもんね。北朝鮮が「地上の楽園」で、韓国が「極悪非道の軍国主義国家」になっています。

宮脇　そういうことを言った責任をどう考えているんでしょうね、あの人たちは。責任を全然取りませんからね。いかに無責任かということです。悪い前例ですよ。それをそのまま許したということが日本の罪だと思います。やっぱり、悪いことをしたら処罰するというふうにしていかないと。

倉山　ベトナム戦争でアメリカとの同盟の義務を果たして、アメリカをつなぎとめるために猛虎師団を送ったら、「ライダイハン」（韓国軍兵士と現地ベトナム人女性との間の私生児）がいっぱいできてしまったというので、朴正熙は頭を抱えたそうですけどね。さすがは日本人の心性があるにはあるというか。

韓国もやっぱり教科書で朴正熙を英雄にしていた時代はまともなんです。彼が実質上の現代韓国をつくったんですから。国父《こくふ》なんです。ちなみに、韓国の国立墓地へ行くと、一番丘の上の高いところは朴正熙で、麓《ふもと》が李承晩です。実にまともです。

結局、朴正熙が国父だった時代はとても幸せなんですよね。それがだんだん朴正熙が国父ではない時代になって、今に至っています。朴正熙を否定してしまうと、韓国には何も残りません。

では、朴正熙が何者かというと、彼は帝国陸軍の士官学校を十五番で出ているというのがアイデンティティなんです。「二千年間、我が民族には恥の歴史しかない」と言ったらしいですが、何と正しい歴史認識なんでしょう。それは仕方がないですよね。朝鮮以外でも、誇るべき歴史がどこにもない民族はいっぱいいますので。

宮脇　やっぱりまともでないのは一部マスコミ、ではなく韓国では大多数のマスコミです。そして、空気を重んじるのは日本以上です。

倉山　朴正熙の時代から反対派というのは潜在的にずっといて、学生たちは跳ね返りをやっている。韓国史だけを見ていたらわからないですが、世界的にその頃、学生運動をやっているんですよね。

宮脇　はい、その頃はフランスからアメリカから日本まで、全部そうでした。

倉山　私はモスクワの指令があったんじゃないかと思うんですが。

宮脇　そう思います。日本の学生運動の「安保反対」は本当に日当が出ていました。私はそう聞いています。国会を取り囲むにしても何をするにしても、一日いくらと聞きましたよ。しかも弁当付きで。そうでなかったら、学生で普通不まじめな人があんなふうに誰が行きますか。

倉山　ところが、ソ連の工作がなぜ失敗したかというと、日本社会党があまりにもだらしなかったからです。社会党は、「最大の資金源が自民党」というとんでもない政党でした。総評が組織のお金を握っているのはいいのですが、議員さんたちは組合幹部に顎《あご》で使われるのが嫌で、お小遣いがほしいので、自民党からお金をもらっているんです。

宮脇　あの頃の日本の政治は、ネゴシエーションがあまりにも上手く行ってしまったんですね。

倉山　行き過ぎたぐらいです。社会党の代議士というのは自民党と話をつけられることが存在価値となって出世できるんです。

日本史の話をすると、占領期というのはＧＨＱの中で民政局と情報部がケンカしているじゃないですか。吉田茂は情報部のウィロビーたちの仲間なんです。一方で芦田均《あしだひとし》とか片山哲《かたやまてつ》は、民政局の日本国憲法をつくったグループの手下です。そういうＧＨＱの派閥抗争で日本政治が割れていって、吉田だけは絶対に社会党と組まないんですけど、基本的に社会党と組んだほうが勝つというのがずっと日本の戦後の歴史です。吉田も最後は、社会党と組んだ鳩《はと》山一郎《やまいちろう》に引きずり下ろされました。

保守が二つに割れて社会党が伸びてきているので、八百長が成立しないんですよね。それで保守合同をやって自民党をつくり、自民党はアメリカの代理人、社会党はソ連の代理人で、ソ連を与党の中に入れないというのをやっていたんです。それをぶち壊したのが田中角栄です。

宮脇　なるほど。だから、ある種「五五年体制」の八百長は機能したわけですね。ソ連を永《なが》田町《たちょう》に入れないためにとても機能した。

倉山　はい。永田町、政官財のトライアングルというのは、そこにソ連を入れないという意味がありました。その代わり、言論界と学界、マスコミなどはソ連に押さえられていたわけですが。

ちなみに、三木武吉《みきぶきち》が自民党をつくったんですが、それは手段なんです。自民党をつくって小選挙区制を導入して、憲法を改正して自主防衛、自主独立をめざしていました。

宮脇　小選挙区制にしたほうが憲法改正しやすかったわけですか。

倉山　しやすいのはしやすいし、何より中選挙区制だと憲法改正は不可能なんです。自民党の議席は池田勇人の六十四パーセントが最高です。社会党が三分の一以上の議席を取ることができるかぎり、憲法改正は絶対できません。

宮脇　なるほど。そしてみんなそれをすっかり忘れてしまった。

倉山　そして、その三木武吉の弟分というか、「お前を総理に育ててやる」と三木に言われていたのが岸信介でした。その岸が、日米韓の三国同盟みたいなことを考えている。というより、岸の頭の中は、台湾も入れて四国同盟でした。岸は、アメリカ一辺倒《いっぺんとう》のように思われていますが、東南アジア歴訪とかやっていて、アメリカ一辺倒じゃないことをやろうとした最初の人なんです。占領下のしがらみでアメリカ一辺倒にならざるを得なかった吉田茂の路線を修正しようとしました。

宮脇　やっぱり安倍晋三《あべしんぞう》さんはそれを引き継いでいる？

倉山　まさに今の「セキュリティーダイヤモンド構想」がそうです。岸、池田、そして今の安倍さんだけが、アメリカ一辺倒でも中国に媚びへつらうのでもない唯三人なんです。岸の東南アジア歴訪は、インドのネルーに「岸はアジアのアメリカ化を請《う》け負わされている」などと批判されて大失敗しますが、米日韓台の四国同盟まではできなくても、日本から見るとアメリカの核の傘の下で韓国とも台湾とも仲良くできて、かなり外交は上手く行っているんですよね。

それが一九六〇年代、朴正熙になって非常に機能する。岸信介の前に韓国に何かやろうと思っても、相手が李承晩なので会話が成立しなかった。

岸、池田、佐藤、田中とずっといいんですよね。そして何と三木武夫《みきたけお》も意外と朴正熙と関係がいいんです。

宮脇　向こうが現実的だったからでしょう。

倉山　何度も言いますが、朴正熙はまともです。ただし、どれくらい三木が朴正熙と関係が深かったかというと、カーターが見捨てたあともかばっています。核開発の問題があり、一九七二年ぐらいになると、「漢江の奇跡」の急成長は続かなくなり、反対派が強くなって、朴正熙が維新革命をやるんです。

宮脇　カーターって、そんなに朴正熙が嫌いだったんですか。本当に暗殺に関係しているんですか。

倉山　大っ嫌いです。暗殺にも関係していたと言われますけどね、証拠はありませんが。

宮脇　カーターは、金日成を「大変聡明で鋭利な人物」と評したと言いますが。

倉山　まあ、言うでしょうね、あいつなら。〝小型ウッドロー・ウィルソン〟みたいな人なので。私はアメリカ大統領で、ウィルソン、F・ルーズベルト、クリントンに次いで四番目に嫌いです。どうしようもないですよ、この人は。まだフォードが大統領なのに、当選した瞬間に「韓国は見捨てる」と宣言しています。人権外交とか言いながら北朝鮮に行ったり。

宮脇　そうですよね。後にクリントンの密命を帯びてカーターは訪朝したんですものね。なるほど、困ったものです。日本にとっては、アメリカがくしゃみをしたら日本は風邪を引きますから、本当に困ります。

倉山　ニクソンというのは、実はタカ派出身のくせにソ連・中国に対して甘いんです。そして、その余波で韓国も肺炎になるみたいな話ですよ。共和党だったらまだよかったのがカーターになって悲惨で、そして当時の日本の福田《ふくだ》（赳夫《たけお》）内閣というのは実質は田中・大平《おおひら》（正芳《まさよし》）に支えられている親中派なので、朴正煕を助ける人がいなくなる。

宮脇　それはあなたが『嘘だらけの日韓近現代史』で書いていましたね。『嘘だらけの日中近現代史』の最後でも書いていた。

倉山　田中角栄以降の日本は、小泉《こいずみ》純一郎《じゅんいちろう》までの間で一番ましなのが三木武夫という恐ろしい時代に突入します。

朴正煕はアメリカと日本が安定していたのでちゃんとやれたというところもあるし、逆に彼はそういう環境を上手く利用できる才覚があったんです。

宮脇　一九六三年から一九七九年まで十六年続いた。やっぱり韓国のいい時代でした。本当に韓国は彼に感謝をしないといけません。北との差がついたのは彼のおかげなんですから。

反日の真相

倉山　アメリカがカーターからレーガンに代わる頃、朴正熙が核武装しようとして殺されて、全斗煥になり、中国は鄧小平です。米中日韓の共通の敵がソ連という時代でした。この時期、日本では鈴木善幸《すずきぜんこう》という人がいろいろなことをやらかしてくれました。

金大中拉致事件（一九七三年）は田中内閣ですが、あれは意外とうまく収まっています。本当にそれこそ、朴正熙が首相官邸にゲンナマを持ってきたかどうかは知りませんが、コンビニマンガレベルの話で行くと、四億円を角さんのところに持ってきて、これをお小遣いであげるから許してと言った。そのうち一億円を角さんが大平さんにあげたとか、ホンマかいなという話ですが、田中・大平の力関係はそんなものです。

次に一九八二年の「教科書問題」ですが、よりによって、全斗煥も鄧小平も日本と仲良くしようと言っている時にやらかしたわけですよね。

宮脇　あれは鄧小平が軍を改編しようとして、それで鄧小平に対して楯突いている軍が「鄧小平の弱みは日本だ、日本から何かやられたら困るだろう」というので、日本の教科書を使ったんです。しかも、『朝日新聞』が「侵略を進出と書き換えた」と報じたのは誤報で、どこにもそんな事実はなかった。だから、ものすごく確信犯的なやらせで、誰かが刺客を放ったということですよね。

倉山　まったく知らない人のためにかいつまんで言うと、朝日の記者が「日本の教科書検定で『侵略』を『進出』と書きなおさせた。騒がなくていいんですか」と韓国と中国に持って行って、日本の新聞でどんどん盛り上がってしまった。韓国と中国の反対派が「言わなくていいのか」とあんまり騒ぐので、全斗煥と鄧小平がいちおう日本に言ってみたら、鈴木内閣が謝ってきた、という事件です。

宮脇　二重においしかったわけですね。全斗煥についてはよくわかりませんが、中国の場合は、軍の機関紙が鄧小平を困らせようと思って騒いだのが、鄧小平の手柄になった。

倉山　韓国は朴正熙末期から経済がダメダメなので学生運動が大騒ぎして、ジャーナリズムは反日一色でした。しかも全斗煥が「克日――日本を克服しよう」なんてまともなことを言っていたものだから火がついてしまった。

そこで小川平二《おがわへいじ》文部大臣は突っぱねるべきだと頑張ったんです。ところが、それをよくわかっていない鈴木善幸に「謝っちゃえ」と言ったのが、官房長官の宮沢喜一《みやざわきいち》です。

宮脇　ここからが今に至るまでずっと続く日本の間違いの始まりです。

倉山　中国は江沢民《こうたくみん》になって、ソ連が滅びます。今まで米中日韓が仲良くできたのはソ連という共通の敵がいたからですが、これが転けてロシアになる。エリツィンの時はまだ急に対立が激化することはなく、世界中が平和ボケしていて、北朝鮮だけが核武装したりして元気です。それを許したのは金泳三《きんえいさん》（キム・ヨンサン）と細川護熙《ほそかわもりひろ》であると強調しておくとして。

日本では田中角栄から竹下登《のぼる》に権力者が代わり、韓国は民主化してどんどん太陽政策に傾斜していき、盧泰愚《ノテウ》、金泳三、金大中、盧武鉉《ノムヒョン》と、もうどんどん坂道を転がり落ちるように悲惨になっていきますよね。

李明博《イミョンバク》と盧武鉉ってどっちがマシですかね。

宮脇　李明博のほうがマシなように見えたんですけどね。途中までは、そこそこ経済に強いかしらん、みたいに言っていたけれど。

倉山　最後でやっちゃいました。前の盧武鉉がひどすぎたので、この人はまともだろうと思ったら、最後にとんでもないことをやらかしてくれて。「天皇、土下座しろ」発言は、政治に無関心な日本人を反韓にしてくれました。あれをやらないと李明博は刑務所に放り込まれたからやったんですよ、「こんな俺みたいな愛国者を刑務所に放り込むのか」と。そんなことでダシにされる〝安牌《あんぱい》〟（安全牌）の日本というのは何なんでしょうか。

宮脇　日本人は韓国人をいじめないから、ちょうどいいターゲットにされただけのことです。韓国人は韓国人をいじめるから、韓国人にいじめられないように、日本人いじめの競争をしているんですよ。だから、反日をやったらマイナスになることをこちらが具体的に始めないとだめで、それをやらないかぎり反日は終わらないというのが私の意見です。

倉山　ソ連がいなくなったら北朝鮮の後ろ盾がなくなるので、一九九二年に中韓が国交を結びました。そして北朝鮮としてはどんどん核武装路線に行く。

宮脇　だから北朝鮮は中韓国交がおもしろくないし、どちらが中国にとって大事かの競争を実はしているわけで、日本はいい迷惑なんです。それなのに、日本人は日本と相手の国しか見えなくて、日本にとってどうだとか、こうだとかしか言わない。向こうと向こうの関係が危ないというようなことを誰も言いませんね。

倉山　北朝鮮は苦し紛れに台湾に接近しています。一九一二年を金日成の誕生年にしてしまったのは、中華民国の元暦だからなんですが。

宮脇　敵の敵は味方ですから。安重根の記念館をハルビン駅の中につくってやるという話にしても、あれは北朝鮮に対する中国からのメッセージです。あてつけで「韓国のほうが大事だぞ」と言うとか、いろいろな要素があるわけですよ。もちろん反日についても向こうが勝手にいろいろな要素で動いているのに、日本人は言葉どおり真に受けて「ごめんなさい」と言うのが問題なんです。放っておけばいいのに。

倉山 謝れば丸く収まるだろうみたいに思っているんですよね。

宮脇 それがもう向こうにとってはおいしい話というか、別にそんなことしてくれなくても向こうは向こうでやっているんです。そこへ勝手に日本が出てきては、もうちょっとお金を上げるだの、謝る競争をするだのというのがいけないし、日本の反政府運動の人たちが告げ口に走るのが困りものです。さっきの教科書問題でも日本人が言ってあげていますし、「性奴隷」というのも日本の教科書が最初に言ったんですよ。こういうところが大問題です。日本の敵は日本国内にいます。

東アジアは米中のおまけ

倉山 さて、鄧小平から江沢民に権力移譲されました。日本の中国外交は泣きたくなるので黙っておきますが、江沢民は鄧小平と違って、韓国と結びながらも北朝鮮をかわいがっています。鄧小平政権末期から江沢民にかけて、北の核武装を許容しています。

宮脇　核がある以上、バランスを取らなければしようがないでしょう。というより、北朝鮮の核武装で日本をビビらせるのはうまい話なんです。アメリカ側はまたそっちにお金を出したり、自分たちのいうことを聞くというので、六カ国協議で中国の地位が上がりますから。

倉山　それは根源的には金泳三と細川護熙という人のせいなんです。一九九四年、クリントンが珍しく根性出して「北朝鮮の核施設を空爆するぞ」と言った時、二人とも「じゃあ、基地を貸さない」と言ってしまった。意味がわかりません。どうしようもない。

宮脇　まったく、失点ばかり重ねていますね。

倉山　クリントンは世界中に空爆して回っていたのに、それで東アジアでだけは何もしないんです。

宮脇　一九九七年、中国政府は国家プロジェクトとして「東北工程推進」を始めます。要するに、北朝鮮を経済的に取り込むということです。さらに今度は、中国の覇権主義、拡大主義がスタートします。力がついてきたので、もともとの勢力圏の中の歴史問題を言い出すわけです。「高句麗は中国だった」という類も全部そのプロジェクトの一環で、朝鮮半島を自分の子分として動かすために、できることをし始めた。

倉山　ちなみに、一九九一年の南北国連同時加盟は韓国から言い出しています。ソ連がなくなる直前で、盧泰愚の時です。全斗煥の次ですね。ちなみに、全斗煥は一九八八年十一月、山寺で出家しました。いつの時代の話なんだ。近代国家ではありませんね。

それはともかく、盧泰愚がこういうバカなことをしてしまう。

宮脇　国連加盟の前に、一九九〇年に韓国がモンゴルと国交を樹立しています。それで、「あっちも祖先だ」と言って韓国でモンゴルブームが起きました。

倉山　よく、今の大統領が最低だとみんな言っていて、韓国はつねにそのとおりなんですが、それは盧泰愚から始まっています。だから私は『嘘だらけの日韓近現代史』で、全斗煥のことを叩き過ぎじゃないかと書いたんですが、私が付き合っていた学生運動をやっていたような日本留学組なんかは、やっぱり「俺たちの民主化世代」なんです。自分がやっているので、そこは否定されたくないという気持ちはわかるんですが。その人たちが何だかんだと全斗煥をボロクソに言いながらも、朴正熙が国父だという意識は強いんです。

ところが、その後の韓国の教科書を読んで衝撃を受けたんですが、朴正熙を相対化しているんですよ。

宮脇　つまり自分たちの歴史をどんどん書き換えているわけでしょう。

倉山　盧泰愚だって、金大中派と金泳三派がちゃんと大同団結しておけば大統領になれる人じゃなかったのを、どっちも目立ちたがり屋なだけだったので、漁夫《ぎょふ》の利《り》を得たというだけの人です。そして、バカな学生運動派の連中からすれば、盧泰愚というのは民主的に選挙で選ばれた大統領ではあっても打倒の対象なので、その盧泰愚を倒したということが金泳三とそれに続く金大中にとって「俺たちの民主化」の完成で、そこが一番美化したい時代なんですよね。ところが、美化するようなものは何かあったのか。

金大中拉致事件の時だって、金大中というのははっきり言って、昔からやっていることは北のスパイみたいなものじゃないですか。それが大統領になったら「太陽政策」ですもんね。金泳三だって人気取りしかやっていなくて、韓国の人気取りというのは反日なんです。総督府を破壊したのは金泳三ですよ。その時は、日本はもう竹下登の時代で、サッカー・ワールドカップの開催権を半分あげるから許してとか。もう語るのも嫌だ。

宮脇　それで、一九九七年から、つまり鄧小平が死んだあとから中国は「韜光養晦《とうこうようかい》」（才能を覆《おお》い隠し、力をたくわえて時期を待つ）をやめたんです。江沢民以後の指導者は、鄧小平ほど腹黒くなく、鄧小平ほど政治家じゃないんです。結局、あとは小物なんです。小物だから目立ちたがり競争を始めるわけですよ。「俺の時代にはこんなことをした、あんなことをした」と。

江沢民の場合はお父さんが親日だったので、それを否定しなければいけなくて、朴槿恵のケースとそっくりです。日本時代に日本のスパイだったという話もあるし、隠していますが実はいろいろなことがあるんですよ。お父さんが親日だったことは、よく知られた話です。だから、そのことを言われる前にとりあえず反日になる。朝鮮に対しては拡張主義で手下にしていく。

倉山　中国としては、韓国だろうが北朝鮮だろうが、自分に刃向《は》かわなければどっちでもいいんですよね。

宮脇　どっちでも同じで、交替がきく人たちなんです。モンゴル人がものすごく象徴的なことを言っています。一九九〇年に韓国と国交樹立したモンゴルは、南北両方と国交を持つようになったんですが、北朝鮮はもともとモンゴル人民共和国の盟友で、すごく仲が良かったんです。

モスクワから見たら、モンゴルと北朝鮮はほとんど似たような従属国で、双子の兄弟と言われていた。「自分たちに忠実なるアジアの共産主義国、朝鮮民主主義人民共和国とモンゴル人民共和国」というふうに呼ばれて、どちらの国の留学生も軍人も、いつも全部一緒くたに同じ部屋で仲良くさせたんです。だから、モンゴルと北朝鮮はとても親密で、今でも人間的付き合いが続いているので、引退した朝青龍《あさしょうりゅう》が北朝鮮へ行ったり、モンゴル経由で北朝鮮のものを売ったり、北朝鮮の人間はまずモンゴルに逃げてくるとか、本当に人間関係が密で、行き来がたくさんあったんです。

それで、モンゴル人が韓国と国交を樹立して何と言ったかというと、朝鮮をモンゴル語で「ソロンゴス」（モンゴル語で「虹」という意味もある）と言うのですが、「北のソロンゴス貧乏だもんね。南のソロンゴス金持ちだからね」と。要するにどっちのソロンゴスでもいいんです。

本当にこういう感じでバッタンと乗り換えたのですが、モンゴル人からしたら同じ言葉を話す同じ人たちだから北でも南でも気にならない。もともとウランバートルで北朝鮮人が寿司屋とか日本料理店を経営していたのを、韓国人が大量にやってきてどっと入り込んで、今とてもモンゴルと関係が深いんですよ。何しろ、一年中、毎日飛行機が飛んでいるのはソウル―ウランバートル便だけだから、日本からウランバートルに行くのに一番手っ取り早いのは、北京ではなくソウル経由だというくらいです。

つまり、モンゴルから見れば同一民族、まして中国から見れば、どちらも自分の配下で適当に突き合わせればいい相手なんです。それを歴史的に言えば、朝鮮半島は中国だというひとことになるわけですが。沖縄が中国だと言うのなら、もっと前から朝鮮は中国ですよ。

倉山　そうですね。「先に朝鮮半島に言ってください」と。

中国としては在韓米軍を半島から追い出して済州島に基地を置きたいんですよね。そうなったら、次は日本で同じことができると思っている。ただ、さすがに韓国も軍人だけはまともですから。というか、軍の一部だけはまともですからね。自衛隊の人が行ったら、歓待されます。韓国も台湾も日本のことは一目《いちもく》置いていて、自衛隊に対しても一目置いているのですが、なぜか韓国人が台湾人を差別するので、そのほうがよほど問題です。

ちなみに、日本の立場で言うと、竹下登は実は自分では北朝鮮をいじりません。金丸信《かねまるしん》とか野中広務《のなかひろむ》にやらせる。自分は中国と韓国を握るんです。今、中韓が反日だというのは竹下がやらせたようなものです。竹下が招き入れているんです。

たまに小泉純一郎とか梶山静六《かじやませいろく》とか、親米派の人が出てきても、すぐにその竹下の衣鉢《いはつ》を継ぐ人間が勝ってしまう。だから結局、田中・竹下の軛《くびき》がいまだにひどくて、霞ヶ関《かすみがせき》なんて、この二人に完全に毒を回らされてしまいました。

宮脇　一度つかんだものは離さないのが中国人です。一度つかんだ権益から決して離れません。そして今度はそこから始める。向こうのほうが日本人よりも個人個人に政治力がありますから、一度取られたら取り返すのは至難の業《わざ》です。

倉山　竹下がなぜ親中政策を進めていけたかというと、クリントンと江沢民が仲が良かったからです。竹下の親中政策というのは、クリントン自身が「ジャパン・パッシング」で江沢民のほうばかり見て、アメリカも親中政策をとっているのでまったく問題になりませんでした。

そして、竹下が死んだ跡目争いで小泉が勝って、そのときアメリカが強かったので北朝鮮拉致被害者を取り返すことができた。イラク戦争はまだ始まっていませんし、九・一一テロの時、日本はおかしなことをやらず、「ちゃんとついていきます」と言ってアフガンとインド洋でアメリカを応援しているので、そのおかげで取り返せたようなものですね。

それ以降広まったデマが「小泉はアメポチだ」です。誰が流したか、受益者が特定できるデマです。小泉が〝アメポチ〟だったら、それ以前の田中角栄以降の総理大臣で中国の手下ではない政治家を挙げてください。

結局、日本も韓国も米中関係のおまけです。一九六〇年代、七〇年代と、朴正熙とか鄧小平のようにアメリカ・日本と上手くやっている時は上手く行っていましたが、ソ連という共通の敵がいなくなると、以後中国と北朝鮮が調子に乗り始めた。さあどうしようというのが今に至る話ですね。

最初に生き残りのために核武装した北朝鮮がいて、金を持って調子に乗った中国がいて、アメリカがその二つをさんざん甘やかしたツケをどうしましょうかというのが現代史です。

宮脇 今の話で行くと、朝鮮もスルーでしたけど、最近の世界はやっぱり日本もスルーだという感じですよね。

倉山 それは一九四五年からずっとです。日本が世界史の舞台に一度も出てこない。本当に四五年以降はスルーされている。日本は場（シアター）にすぎない。アメリカに貢《みつ》いでいるのはまだいいんですが、中国に次いで最近は韓国まで調子に乗り始めていませんか。韓国にはまだそんなに上げていませんが。

宮脇 まったく、世界のATMですからね。どうするんでしょうか。そんなに奴隷のようにお金ばかり貢《みつ》がされて。

倉山 ですから、一九九八年が政治的にはさっき言った意味で重要なのですが、経済的には日銀法を改悪して中国にお金を貢ぐ体制が完全に固定化され、そこに韓国が「俺にも分け前をよこせ」と言い始めたわけです。

宮脇　そのネタに歴史問題を使っている。日本国民を納得させるためにガンガン使っていると、こういう図式ですね。

倉山　小泉さんが北朝鮮から九・一七の平壌宣言で拉致被害者を取り返したのに、なぜその後取り返せなかったのかというと、アメリカがイラク戦争で足を取られたのと盧武鉉のせいです。

外交は悪口を言われるくらいがいい

宮脇　最後になりましたが、朴槿恵の反日は、朝鮮半島としてはつねに危ういバランスの中にいたというか、バランスを取ることばかり考えていたわけです。

倉山　朴槿恵は両親とも暗殺されているんですよね。日本の保守派はずっと朴槿恵大統領になってくれと言っていました。そういう歴史を若いネトウヨの皆さんはみんな知りませんが。

のです。

宮脇　かわいそうに。だから、まだ十代だったのにお母さんがいないから、朴正熙のファーストレディの役を務めたんでしょう。単細胞でウサバラシしか考えないネトウヨも困ったものです。

倉山　それに比べ、黒田勝弘さんはジャーナリストですから、韓国について書いていることはバランスが取れていますよね。

宮脇　今もずっといるし、やっぱり長いウォッチャーですから。

倉山　ネトウヨ系の本は結局全部三面記事ですもんね。そういう国ではあるにしても。朴正熙をそこまで叩くべきかというと、私は違うと思います。百点満点とは言いませんけど。韓国史の中でこれより上を求められるのかということです。

宮脇　やっぱり長い目で見比べなきゃいけません。世界全体のバランスがあるんですよ。

日本人は韓国を米中の間だけで考えていますが、前にも言いましたが、それよりも韓国人は北朝鮮がらみで中国との関係を結構神経質に考えていますよ。北か南か、どちらが勝ち残るかですから、あの人たちにとってはそのほうが第一義じゃないかと思います。日本よりも先にそっちなんですよ。

中国だって、北朝鮮よりは、満洲とか延辺朝鮮族自治州をどうするかというような問題が先に頭にあるんじゃないかと思います。反日競争というのは、自分たちの間の権力闘争なんです。教科書問題と同じです。日本人が目の前の反日だけに矮小化《わいしょうか》して、「嫌韓だ、呆韓だ」と叩くよりも、もっと世界政治を考えてほしいと思います。今の状況がどうしてこういうことになったかというのは、さまざまな背景があるのですから。

倉山　安倍さんの外交はしっかり、かなりよくやってますよね。中国・韓国以外全部と仲良くするって正しいと思います。

宮脇　すごく正しいと思いますよ。だって、向こうがウソばかりついているんですから、そんなことに足を取られてどうするの、ということです。日本人としてどうすればいいかと言うと、目の前のそんな細かいことに反応しないで、もっと国力をつけるとか、経済的に強くなるとか、歴史をきちんと見て本当のことを筋道立てて並べて理解することです。よけいなことを言ったり、よけいなことをしたりしないというほうが正しいですよね。

倉山　問題は、増税するんだったら、自分たちの出血を覚悟でソ連に挑んだサッチャーみたいに本気で相手を潰すつもりでやらないとだめですよね。

宮脇　相手というより、国内で足を引っ張る人、邪魔する人をどうするかです。

倉山　もちろん、それが一番の敵です。

宮脇　だから、いい人でいるとダメなんです。悪口を言われるぐらいの人間にならなきゃいけないけど、日本人は悪口に弱い。それから、「悪口を言われたら悪い奴だ」と思うのがおかしい。悪口を言われるということは、それくらい脅威だということで、向こうには、悪口を言うぐらいしか手がないということでしょう。足を引っ張るようなスキがないから悪口を言うわけで、それは日本にとってすごいいことです。悪口を言われるということは、日本のために正しい政策をとっているということだと思います。

それを日本のマスコミがちゃんと理解しないことが悪いし、日本のエリートだと思っている人もそれがわからないことが問題です。そういうふうに結論したいです。

倉山　本当にそうですね。今の目の前の現象だけで、「嫌韓だ、呆韓だ」を言うのをやめてくれ、です。それが一番困ります。それを言うことによって誰が得するかを考えないと。相対評価ができない人が多いんですよね。絶対評価って、だれでもできるので楽なんです。

宮脇　バランス感覚ですね。少し離れて、全体の位置をきちんと見る。何と言ったって、歴史がわからなければ現状を見誤ります。この本が、そういう意味で、読者の皆さんの視野を広げるお役に立つことを望んでいます。

本書について

宮脇淳子

本書の元になったのは、二〇一四年七月と八月にビジネス社から続いて刊行された、倉山満さんと私の対談本『真実の朝鮮史［1868-2014］』『真実の朝鮮史［663-1868］』の二冊です。

倉山さんも私も朝鮮史の専門家ではないのに、どうしてこのような対談が企画されたのかというと、その前年二〇一三年にビジネス社から刊行された『真実の満洲史［1894-1956］』（宮脇淳子著、岡田英弘監修）は、倉山さんが、現代の日本人が満洲を理解するのに不可欠なテーマを選び、筋道を立てて私に質問してくれたおかげで、できた本だからです。それで、今度は日本列島とシナ大陸の両方からの視点で朝鮮半島の歴史を語ろう、という企画が立てられ、二〇一三年十月から駒込《こまごめ》の岡田宮脇研究室で、一回二時間、計十回対談をしました。

倉山さんと私は、二〇〇五年から二〇一二年まで私が非常勤講師を務めていた、国士舘《こくしかん》大学21世紀アジア学部の非常勤講師仲間です。

初めて知り合ったころの倉山さんは若くて、まだ著書もお持ちではありませんでしたが、何にでも一家言あり、毎週、非常勤講師控室で四方山《よもやま》話《ばなし》をするのが楽しみでした。彼の専門は大日本帝国憲法と日本近代史でありながら、主人の岡田英弘の本も読んでいるし、シナ史にも軍事史にも詳しくて、いつも感心させられました。

倉山さんはその後、あれよあれよというちに時代の寵児《ちょうじ》になり、出す本はすべてベストセラーになるばかりか、「チャンネルくらら」というインターネット動画でも大活躍なのは、読者のみなさまもご存じのとおりです。私も、しょっちゅう誘ってもらうおかげで若い方にも顔が売れるようになりました。

倉山さんと私は、ネット動画をご覧になっている方はおわかりと思いますが、互いに相手の知識や見解を信頼して質問し合える間柄で、なかなかいい相棒ではないでしょうか。いつも時間を忘れて話に没頭してしまいます。

楽しく十回も対談した分量は膨大《ぼうだい》だったので、まず明治維新以降の歴史を刊行し、そのあとで、それ以前の歴史を出すことになりました。ところが社の方針で二冊目の刊行が翌月になり、編集作業が不十分なままになったことは、著者としては悔やまれました。それでずっと心残りだったのです。

今回、新書版一冊にまとめることになり、当初は李氏朝鮮時代からという案も出たのですが、編集者の堀裕城さんが、古代からの通史として意義のあるところを拾い出して一冊分にしてくれたおかげで、たいへんすっきりして読みやすくなりました。

『真実の満洲史』は、その前の『真実の中国史［1840-1949］』とともに台湾から漢訳が刊行されましたし、二〇一八年一月には『日本人が知らない満洲国の真実』と改題して扶桑社新書になっています。『真実の中国史』は四月四日にPHP文庫に入ります。

今回『真実の朝鮮史』二冊が祥伝社新書一冊にまとまることで、「真実シリーズ」すべてが新書・文庫化されることになり、たいへん嬉しく思います。しかも、元版よりも、それぞれさらに編集の手が加わって改訂され、何段階もよくなっているのは誇らしいことです。「中国史」と「満洲史」も、本書とあわせてお読みいただければ、著者としてこれに勝る喜びはありません。

あとがき

宮脇先生とは、もう十年来のお付き合いで、当時から研究室に出入りさせていただいていた。そうした中で、生まれたのが四年前の本である。

それにしても、「あの本、よく売れたな」と思う。あの頃は、韓国の悪口を言ってさえいれば、猫も杓子《しやくし》も売れる時代だった。そういった風潮の中で企画され、せっかく宮脇先生と出すのだから、少しはマトモな本を世に送り出そうということで作り始めた。

狙いは、「大陸から見た朝鮮半島」と「日本から見た朝鮮半島」を並べてみよう、だったのだが、これが大失敗だった。大陸の諸王朝も、日本人も、お互いを睨《にら》み合っているだけで、朝鮮のことなど視界に入っていなかった。それまでの私は「朝鮮など通り道にすぎない」と考えていたが、本書で宮脇先生が述べているとおり、「通り道ですらない」場合も多々あるのである。

半島の歴史を学ぶたびに思い出す人がいる。吉本新喜劇《よしもとしんきげき》最高の名優、池乃《いけの》めだか師匠である。身長百五十センチに満たない体軀《たいく》を武器に、星の数ほどの関西人を抱腹絶倒《ほうふくぜつとう》に叩き落してきた歴史に残るコメディアンである。

めだか師匠の十八番《おはこ》の一つが、喧嘩《けんか》でボコボコに殴られて負けた後に、「今日はこれくらいにしといたるわ〜」とすくっと立ち上がり、全員がずっこけるというのがある。少年期を吉本新喜劇で育った私は、韓国の反日姿勢を見るたび、めだか師匠のこの定番ギャグをいつも思い浮かべる。

ただ、めだか師匠には、ほかの俳優二人が小さな彼の頭上で怒鳴《どな》り合いをはじめると困って右往左往しているが、ほどなくして両者を振り払い、「ここはワシの制空権や！」と主張するというギャグもある。

朝鮮が、これほどの自己主張ができたことが、何度あっただろうか。

一時期の〝コリア叩きブーム〟は去り、最近は朝日新聞の悪口を書けば何でも売れるそうである。

チャイナ、コリア、朝日新聞。日本に仇《あだ》なす勢力を叩くことが、日本のためになると信じて疑わない人々が一定数いる。

哀れである。そういう勢力を叩いて小銭を儲《もう》けようとしている、売文《ばいぶん》業者に踊らされている時点で。

チャイナ、コリア、朝日新聞の悪行など、挙げようと思えばいくらでも挙げられる。多くの日本人が連中の悪事に気づいていない。しかし、連中の悪口を拡散することで溜飲《りゅういん》を下げて、何になるのか。売文業者諸君が日銭を稼げるだけではないか。

チャイナ、コリア、朝日新聞に踊らされる勢力を、私は「左下」と呼ぶ。同時に私は、そいつらを叩いて喜んでいる勢力を「右下」と呼んでいる。右か左かではない。右だろうが、左だろうが、知らず識《し》らず誰かに踊らされているので「下」なのである。私から見たら、同じ穴の狢《むじな》である。

そんなにコリアが嫌いなら、下から目線で悪口を言うのではなく、上から目線で連中を支配《コントロール》することでも考えたらどうか。せめて、己の意思を強要する（＝コントロールする）くらいはしないと、永遠に火の粉が飛んでくるだけではないか。

本書を読めば、連中をコントロールする知見など、いくらでも転がっていると思う。

少し古い話になるが、某保守系の幼稚園で教育勅語を暗唱させていることが世間で騒動になった。「右下」の諸君は、「朝鮮学校では金日成思想を教えているではないか。なぜ、いけないのか。テレビは偏向している」などとネットで拡散していた。

なぜ？　理由は簡単だ。敗戦以来、日本に仇なす勢力こそが「体制側」で、日本を愛する勢力は「反体制側」だからだ。冷戦期、ソ連に占領された東欧諸国で、ソ連に奉仕する売国奴が「体制側」で、愛国者が「反体制側」であったのとまったく同じだ。

ハンガリーではホルティー提督を教えてはならなかったし、東欧ではないが同じ衛星国のモンゴルでもチンギス・ハンを教えてはならなかった。現代の我が国で明治天皇の遺徳《いとく》を称《たた》える教育勅語を教えてはならないのも、また同じだ。

では、ハンガリーやモンゴルの愛国者が泣きごとを言ったか。あるいはポーランドのワレサが愚痴をこぼしたか。「左下」の悪口を拡散している「右下」の諸君に、ハンガリー動乱やプラハの春で散った若者のような覚悟があるか。

情けないことに、今の日本は敗戦国である。敗戦日本の「体制側」は「左上」である。ならば、気づいた日本人は「右上」になるしかない。誰にも支配されない、誰にも踊らされない、精神の「上」の日本人が、日本を愛するようになる。

急がば回れ——まっとうな読書を続けて仲間を増やすことでしか、国護《まも》りはできないのだから。

※本書の担当者、祥伝社の堀裕城さんとは、一昨年の『大隈重信《おおくましげのぶ》、中国人を大いに論ず』以来のお付き合いである。同書は、「現職首相が書いたネトウヨ本」という触れ込みであった。大正四年に若き日の堤《つつみ》康次郎《やすじろう》の口述筆記で大隈重信が語り下ろした『日支《にっし》民族性論』を、堀氏が現代語訳し、私が解説を加えるという本だった。堀氏はかなりの目利きで、国会図書館を漁《あさ》っているうちに、日本近現代史の研究者からすらも存在を忘れられていた同書を見つけ出し、「世に出さねば」との使命感に燃えて、何の伝手《つて》も一面識もない私に連絡を寄越《よこ》し、解説を書くよう依頼をしてきたという次第である。

実際、監修者の私が「大隈、こんなマトモな認識をしていたのか！」と驚くくらいの内容なので、読者諸氏にとっては大いに発見があるのではないだろうか。本書とあわせてお読みいただければ幸いである。

倉山 満

切りとり線

★読者のみなさまにお願い

この本をお読みになって、どんな感想をお持ちでしょうか。祥伝社のホームページから書評をお送りいただけたら、ありがたく存じます。今後の企画の参考にさせていただきます。また、次ページの原稿用紙を切り取り、左記まで郵送していただいても結構です。

お寄せいただいた書評は、ご了解のうえ新聞・雑誌などを通じて紹介させていただくこともあります。採用の場合は、特製図書カードを差しあげます。

なお、ご記入いただいたお名前、ご住所、ご連絡先等は、書評紹介の事前了解、謝礼のお届け以外の目的で利用することはありません。また、それらの情報を6カ月を越えて保管することもありません。

〒101-8701（お手紙は郵便番号だけで届きます）
祥伝社新書編集部
電話03（3265）2310

祥伝社ホームページ　http://www.shodensha.co.jp/bookreview/

★本書の購入動機（新聞名か雑誌名、あるいは○をつけてください）

＿＿＿＿ 新聞の広告を見て	＿＿＿＿ 誌の広告を見て	＿＿＿＿ 新聞の書評を見て	＿＿＿＿ 誌の書評を見て	書店で見かけて	知人のすすめで

★１００字書評……残念すぎる　朝鮮１３００年史

名前

住所

年齢

職業

宮脇淳子　みやわき・じゅんこ

1952年、和歌山県生まれ。京都大学文学部卒、大阪大学大学院博士課程修了。博士（学術）。専攻は東洋史（とくに中央アジア史）。著書は、『日本人が知らない満洲国の真実　封印された歴史と日本の貢献』（扶桑社新書）、『教科書には書かれていない　封印された中国近現代史』（ビジネス社）、『モンゴル力士はなぜ嫌われるのか —— 日本人のためのモンゴル学』（WAC BUNKO）、『どの教科書にも書かれていない　日本人のための世界史』（KADOKAWA）、『悲しい歴史の国の韓国人』（徳間書店）など多数ある。

倉山 満　くらやま・みつる

1973年、香川県生まれ。憲政史研究者。中央大学文学部史学科卒、同大学院博士前期課程修了。「嘘だらけの近現代史」シリーズ（扶桑社新書）は、アメリカ、中国、韓国、ロシア、イギリス、フランスと続き、いずれもベストセラーになっている。その他の著書は、『誰も教えてくれない　真実の世界史講義　中世編』（PHP研究所）、『世界の歴史はウソばかり』（ビジネス社）、『真実の日米開戦　隠蔽された近衛文麿の戦争責任』（宝島社）、『工作員・西郷隆盛　謀略の幕末維新史』（講談社プラスα新書）、『大間違いの織田信長』（KKベストセラーズ）など多数ある。

残念《ざんねん》すぎる 朝鮮《ちようせん》1300年史《ねんし》

宮脇淳子《みやわきじゆんこ》　倉山《くらやま》 満《みつる》

2018年３月10日　初版第１刷発行

発行者……………辻 浩明
発行所……………祥伝社しょうでんしゃ
〒101-8701　東京都千代田区神田神保町3-3
電話　03(3265)2081(販売部)
電話　03(3265)2310(編集部)
電話　03(3265)3622(業務部)
ホームページ　http://www.shodensha.co.jp/

装丁者……………盛川和洋
印刷所……………堀内印刷
製本所……………ナショナル製本

Printed in Japan ISBN978-4-396-11528-9 C0222